国家"十三五"重点出版物出版规划项目

乡村振兴中的学校发展
乡村校长培训丛书
丛书主编　杨小微

乡村学校课程

吴刚平　赵　晶——著

RURAL
EDUCATION
RURAL
TEACHER

华东师范大学出版社
·上海·

图书在版编目（CIP）数据

乡村学校课程/吴刚平,赵晶著. ——上海：华东师范大学出版社,2021
ISBN 978-7-5760-2063-2

Ⅰ.①乡… Ⅱ.①吴… ②赵… Ⅲ.①农村学校—课程改革—中小学 Ⅳ.①G632.421

中国版本图书馆CIP数据核字(2021)第165747号

乡村学校课程

著　　者	吴刚平　赵　晶
责任编辑	余思洋
责任校对	周　璇　时东明
装帧设计	俞　越

出版发行	华东师范大学出版社
社　　址	上海市中山北路3663号　邮编 200062
网　　址	www.ecnupress.com.cn
电　　话	021-60821666　行政传真 021-62572105
客服电话	021-62865537　门市(邮购)电话 021-62869887
地　　址	上海市中山北路3663号华东师范大学校内先锋路口
网　　店	http://hdsdcbs.tmall.com/

印刷者	南通印刷总厂有限公司
开　本	787×1092　16开
印　张	12.5
字　数	191千字
版　次	2021年9月第1版
印　次	2021年9月第1次
书　号	ISBN 978-7-5760-2063-2
定　价	35.00元

出版人　王　焰

（如发现本版图书有印订质量问题，请寄回本社客服中心调换或电话021-62865537联系）

"乡村振兴中的学校发展"丛书编委会

"乡村校长培训"系列   总主编◎杨小微

乡村学校公平	杨小微　张　萌
乡村学校课程	吴刚平　赵　晶
乡村学校规划	徐冬青
乡村教师发展	周　晔
乡村学校信息化	闫寒冰　李笑樱
乡村学校评估	张向众　乔　磊　杨　斐
乡村校社合作	李　伟
乡村校长领导力	邬志辉

"乡村教师培训"系列   总主编◎李家成

乡村语文教学	李　重　李政涛
乡村小学数学教学	吴亚萍
乡村小学英语教学	卜玉华　齐　珊
乡村综合学科教学	徐冬青
乡村教师科研	李天凤
乡村班级建设	李家成
乡村学生心理辅导	鞠玉翠
乡村教师人际沟通	孙元涛

总 序

中国教育现代化的短板之一在乡村教育,源于众所周知的历史原因;乡村振兴不能没有乡村教育的振兴,这是由教育与社会的关系所决定的;乡村教师和校长的专业发展到了不容忽视的时期,则是我们必须要正视的现实。

国家近期出台的重大教育政策乃至国家发展战略对乡村教育提出了明确要求:2018年《中共中央国务院关于实施乡村振兴战略的意见》提出了"优先发展农村教育事业"以及"统筹配置城乡师资,并向乡村倾斜,建好建强乡村教师队伍"等要求;中共中央、国务院印发的《中国教育现代化2035》要求"实施乡村振兴战略教育行动";而《中共中央国务院关于全面深化新时代教师队伍建设改革的意见》也明确提出了"重点开展乡村中小学骨干校长培训和名校长研修""深入实施乡村教师支持计划""优化乡村青年教师发展环境,加快乡村青年教师成长步伐"等部署,表达了党和政府对振兴乡村教育的高度重视和坚定的决心。

振兴我国乡村教育,也是乡村学生、家长、教师共同的需要。乡村学生需要优秀的乡村教师和校长,需要高质量的学校教育;乡村家长需要值得信任、能够开展创造性合作的乡村教师与校长;乡村教师和校长的职业生命与专业生活同样需要有品质的提升。

振兴乡村教育,更是关注我国基础教育优质均衡发展的研究者义不容辞的责任。我们的研究团队多年来扎根中国教育大地,深耕基础教育改革与发展领域,持续投入乡村教育研究。我们不仅奔赴云南、广西、江西、河南、安徽、湖北、甘肃、新疆等地开展了大量的调查研究,而且深度参与了乡村教育的发展过程,开展了大量的乡村教师与校长培训活动,推动了许多乡村学校的发展,努力促进教育现代化的乡村样板学校和地区的形成。

这样的努力一直在持续,而本系列丛书,就是我们对乡村教育研究成果的阶段性小结,也是我们面向乡村教育发展的未来而不懈探索的智慧结晶。

"乡村振兴中的学校发展"丛书分为"乡村校长培训"和"乡村教师培训"两个系列,分别由杨小微教授和李家成教授担任总主编,每个系列都由八本著作构成。"乡村校长培训"系列涵盖乡村学校公平、课程、规划,乡村教师专业发展,乡村学校信息化、评估,乡村校社合作,乡村校长领导力等内容。"乡村教师培训"系列涵盖乡村语文、数学、英语、综合学科教学,乡村教师科研,乡村班级建设,乡村学生心理辅导,乡村教师人际沟通等内容。我们依托华东师范大学基础教育改革与发展研究所、上海终身教育研究院的学术资源,汇集了华东师范大学、复旦大学、西北师范大学、云南师范大学、华中科技大学、东北师范大学、上海师范大学、浙江大学等高校的科研人员,组成实力雄厚的编委会及作者队伍,参与丛书编写的成员均具有扎实的理论基础和丰富的教学经验。

我们期待这套丛书能够成为乡村教师与校长的培训教材、乡村学校变革的指导手册、开展乡村教育研究的参考书。我们期盼这套丛书的出版与发行,能为乡村教师和校长助力,让乡村学校变革不断获得新的力量;能为乡村教育研究助力,让中国乡村教育研究不断生成新的理论;能为中国教育现代化助力,让中国乡村现代化与乡村教育现代化迈上互生共长的新台阶。

华东师范大学　杨小微　李家成
2019 年 5 月 22 日

前言

乡村学校课程,对于许多教育研究者来说是个专业话题,很亲切,也很熟悉。但是,要把这样的专业话题阐释清楚,让人看个明白,获得教益,却并不容易。

一方面,是因为课程本身就是一个足够复杂的研究领域,需要讨论和澄清的问题一大堆,而且常议常新;另一方面,是因为乡村学校更是一个十分庞杂的集合概念,无论是在空间地域上,还是在发展阶段和发展水平上,都是多类别、多层次的,五花八门,千姿百态,叙述起来总是会挂一漏万。更不用说,还有存在各种不同的读者群等需要详尽考虑却又难以周到照顾的影响因素。

尽管如此,本书还是不揣浅陋,从我国基础教育课程改革与深化发展的政策基础和实践经验出发,借鉴经典的课程理论模式,搭建了乡村学校课程的基本解释框架和操作思路,作为乡村学校校长、教师和管理者学习课程理论与实务操作时可以酌加选择的一本阅读参考书籍。

本书无论是整体叙事,还是专题布局,都尝试着遵循从理论认识到实务操作的基本思路,来探讨乡村学校课程的具体问题,以便更加契合乡村学校校长、教师和管理者的实际工作需要,能够为他们更好地谋划和开展乡村学校课程建设提供一些有意义的帮助。

从整体叙事来讲,本书主要是追问:乡村学校的课程任务是什么?当我们明确了乡村学校的课程任务之后,我们就要接着思考,要完成好这些课程任务,乡村学校还需要做好哪些具体的工作事项?在某种意义上,明确乡村学校课程任务更多涉及的是课程理论认识的问题,做好课程事项则更多涉及的是课程实务操作的问题。

具体而言,乡村学校课程任务主要有两大方面。一是实施好国家和地方课程,即国家和地方课程的校本化实施任务;二是开设好校本课程,即校本课程的特色化开设任务。那么,要完成好国家和地方课程的校本化实施以及校本课程的特色化开设这两大课程任务,乡村学校就必须在学校和教师层面做好课程规划、课程实施、课程评价和课程管理等基本工作事项。由此,本书建构出乡村学校课程任务驱动的课程认识和课程行动逻辑,以便在知行合一的意义上推动乡村学校课程建设。在本书整体叙事层面,这是一个从理论认识到实务操作的课程问题大链环。

从专题布局来讲,本书从专题二至专题六主要是分别追问:为了完成好乡村学校课程任务,怎么制定课程规划?怎么运作课程实施?怎么开展课程评价?怎么进行课程管理?这些问题虽然也会分别涉及课程规划、课程实施、课程评价,以及课程管理的概念、意义和价值等理论认识问题,但更多涉及的还是实务操作问题。也就是说,在乡村学校课程规划、课程实施、课程评价和课程管理的每个实务操作事项上,也同样体现出具体课程事项驱动的认识和行动逻辑,以便促进乡村学校课程规划、课程实施、课程评价和课程管理等具体课程实务操作事项上的知行合一。相对于整体叙事的课程问题大链环而言,这也是一个在本书专题布局层面从理论认识到实务操作的课程问题小链环。

只不过,在这些专题的具体课程工作事项问题小链环上,理论认识是基础,操作行动是重点。同时,在乡村学校的课程规划、课程实施、课程评价和课程管理等各个课程事项部分,都尽可能地呈现相应的实用案例,以便提供某种实务操作的参照样板,希望乡村学校校长、教师和管理者可以模仿着做,同时能给他们带来一些启发,激励其创新着做。

对于乡村学校课程,本书无论是在整体叙事结构上,还是在专题布局技术上,都希望秉持知行合一的思想理念,促进乡村学校课程在理论认识与实务操作上的内外呼应,相互丰富,彼此提升。

当然,本书建构的有关乡村学校课程的解释框架和操作技术,只是为读者提供一种据以完成乡村学校课程任务时可以酌加选择的可能模板,不可能也不应该作为解决乡村学校课程问题的唯一参考。

恰恰相反，本书鼓励读者在参考本书解释框架和操作技术时，只是把它作为一个开放的窗口，去探视和了解更多有关乡村学校课程的解释框架与操作技术，尤其是回到乡村学校教育实践本身，把乡村学校课程的解释框架和操作技术运用于乡村学校特定的课程实践中，寻求更加体现新时代乡村学校教育要求和具体学校实际的课程解决方案，更好地完成乡村学校立德树人的课程任务和教育使命。

吴刚平　赵　晶
2021年3月

目　录

专题一　乡村学校课程任务 / 1

一、乡村学校的国家和地方课程实施 / 3

二、乡村学校的校本课程困惑解析 / 7

三、乡村学校校本课程的历史传统 / 18

四、校本课程的政策意义 / 21

专题二　乡村学校课程规划 / 27

一、乡村学校常用的课程规划概念 / 29

二、乡村学校课程规划实务 / 34

三、乡村学校专题教育整合课程规划 / 46

专题三　乡村学校课程方案例释 / 65

一、锡山高中学校课程方案例释 / 67

二、北秀小学学校课程方案例释 / 79

三、"环保酵素"课程纲要例释 / 84

四、"创意绘本"课程纲要例释 / 88

五、"沛县封侯虎"课程纲要例释 / 96

专题四　乡村学校课程实施 / 103

一、乡村学校课程实施事项 / 105

二、乡村学校课程资源建设 / 113

三、教学材料精选与教学内容确定 / 132

四、乡村学校校本课程实施调研例释 / 135

专题五　乡村学校课程评价 / 147

一、乡村学校课程实施方案评价 / 149

二、乡村学校课程实施过程与效果评价 / 155

三、评价即学习的改革动向 / 159

专题六　乡村学校课程管理 / 169

一、乡村学校的国家和地方课程实施管理 / 171

二、乡村学校的校本课程开设管理 / 173

三、乡村学校的教学常规管理 / 175

专题一

乡村学校课程任务

引言

从教育实践视角来看,为确保乡村学校课程能够开齐、开足、开好,需要完成两大任务:一是国家课程和地方课程的校本化实施任务,二是校本课程的特色化开设任务。只有弄清两大任务的基本内涵,才能对乡村学校课程有一个整体性的理解和把握。

相对来说,鉴于大多数校长和教师都对语文、数学、外语等国家课程更为熟悉,对于校本课程则比较陌生,认识需求也更为迫切,所以本书在兼顾国家和地方课程校本化实施任务的同时,将更多篇幅用于对校本课程开设任务的讨论上。

专题重点

- 乡村学校的国家和地方课程实施
- 乡村学校的校本课程困惑解析
- 乡村学校校本课程的历史传统
- 校本课程的政策意义

一、乡村学校的国家和地方课程实施

国家和地方课程的校本化实施是乡村学校需要完成的主要课程任务。因为中小学的教学时间主要用于实施国家课程,所以国家课程校本化实施的质量和水平,是确保乡村学校教育教学质量的重要内容。事实上,学校校长和教师对此也都高度重视。在此,本部分内容主要讨论国家课程校本化实施的基本内涵。

(一)课程实施与教学的关系

1. 课程实施与教学的联系

在我们的日常话语当中,往往把课程实施与教学混在一起,相互之间经常混用,以至于人们常常将课程实施与教学等同起来,不作区分。

应该讲,日常话语中这种把课程实施与教学相互混用的现象,是有一定道理的。因为教学是课程实施的最主要的终端环节,是最经常、最直接的课程实施活动,也是学校的中心工作,课程实施活动主要是为教学做准备的,所以我们常常只考虑到它们之间的联系,而忽略了它们之间的区别。在说到课程实施的时候,真实的指向往往就是教学本身。

2. 课程实施与教学的区别

但是,如果要深究的话,无论是在逻辑上,还是在实践中,课程实施与教学都是有区别的。其中,主要的区别至少有以下两个方面。

首先,课程实施更多地带有课程行政的意涵,而教学更多地带有教师专业的特性。

在课程实施之前,必须经过课程规划和设计。一旦课程计划和课程标准确定下来,就必然涉及课程实施的问题,需要把课程计划落实到学校教育教学的实践层面。这时,相应的实施系统就要运转起来。这种运转带有明显的课程行政的性质,即采用自上而下的行政模式,从上游的决策开始,到下游一级一级地执行,最终落实到学校。

这些自上而下的活动,包括教育行政系统的推动、课程资源(包括教材、设备、场馆等)系统的支持、教学研究的开展、学校教育教学的安排、评价与督导的跟进等,都可以归属于课程实施的范畴。这些课程实施活动不仅对具体学校的工作产生影响,更重要的是涉及整个教育系统的正常运转,包括国家层面以及地方或地区层面学校教育系统的正常运转。

而教学则有所不同,它是由受过专门训练并取得教师资格的专业人员来完成的,所以教学活动带有明显的教师的专业特性。教学的有效性问题必须通过教师的专业发展能力来保证,而很难用行政推动的方式来解决。行政推动可以对教学产生影响,但这种影响始终是外围的,是外因,真正对教学质量起决定作用的还是教师自身的专业活动,这才是事物发展的内在动力,是内因。尽管从课程行政的角度来看,教学属于课程实施的一个环节,甚至是最重要的环节,但正是由于教学的教师专业特性,我们才主张不能把教学与课程实施相混淆,而是要把课程实施与教学适度地区别开来。

其次,教学虽然是课程实施的主要环节,却无法代替课程实施的其他环节。

我们说,教学是课程实施的主要环节,是因为教学无论就其涉及人员的数量与规模而言,还是从对从业人员普遍的专业要求来看,都是其他实施环节难以相比的。特别是,教学这一环节与课程目标的指向对象——学生的实际距离最为贴近,课程实施能否真正有效,在最终意义上取决于教学是否真正有效,取决于课程目标能否真正在学生身上得到很好的体现。

尽管如此,教学仍然不能取代课程实施的其他环节,不能完全等同于课程实施。也就是说,课程实施是大概念,它除了教学以外,还包括其他一些环节或事项。教学不但无法代替学校以外的其他实施环节,而且即使在学校内部,它也不能涵盖课程实施的全部环节。例如,学校里综合实践活动中的社区服务活动、升国旗活动、班团队活动,以及学校课程资源建设、校本课程建设等都是课程实施活动,但它们却很难归属于教学的范畴。

所以,尽管教学是学校课程实施的主要环节,但我们仍然不能将教学与课程实施混为一谈。

(二)乡村学校实施国家课程的校本化指向

1. 乡村学校更需要强调校本化实施国家课程

根据对课程实施的分析,我们知道课程实施具有课程行政的意涵,它不仅涉及具体学校的教育教学工作,而且关系到整个教育系统的运转。所以,课程实施既有国家层面的课程实施,也有地方或地区层面的课程实施,还有学校层面的课程实施。

学校层面的课程实施存在两种取向的课程实施模式:一种是忠实取向,一种是创生取向。而事实上,即使在中央集权课程开发机制下的课程实践中,两种取向也是存在的,只不过忠实取向更多一些或者更加合法,而创生取向则比较不被提倡或者其合法性并未得到确认,而且这两种取向常常是融合在一起的,一方面有忠实取向的成分,另一方面也有创生取向的成分。

在高度稳定的计划经济时代,我国实行刚性课程框架,忠实取向的课程实施占主导地位,而创生取向的课程实施不被重视或不具备课程政策上的合法性。如果说这种局面还是适应当时我国基础教育的发展的话,进入21世纪,面对我国社会主义市场经济突飞猛进的发展形势,社会和个人对于人才素质的多样化和个性化需求日益突出,从东部到西部,从沿海到内地,从城市到乡村,即使同一座城市,或者同样是乡村学校,教育发展的主客观条件以及质量和水平,差异都非常大,课程适应性问题的矛盾就越来越尖锐了。

就国家课程在乡村学校的实施而言,一方面,需要通过教育均衡化的政策措施和办学机制,确保课程实施的师资队伍和基本办学条件达到相应的要求与水平;另一方面,更需要强调国家课程的校本化实施,更需要立足于乡村学校实际,创造性地把国家课程的要求同乡村学校的校情、学情和教学实践经验相结合,把国家课程的统一要求转换成乡村学校具体生动的课程实践,落实到乡村学校的学生发展、教师发展和学校发展进程当中。

2. 国家和地方课程校本化实施的内涵

为了更好地增强课程对于地方、学校和学生的适应性,新一轮基础教育课程改革确定了三级课程管理政策,提出国家、地方和学校共同建设课程的思路。这样,学校层面的课程实施就不仅仅是一个执行的过程,同时还是一个更为重要的创造和丰富的过程。因此,创生取向的课程实施模式受到了重视,走向了合法化。

所以,我们把学校根据实际情况创造性地执行国家和地方课程的过程称为国家和地方课程的校本化实施。这一方面是对课程实施的概念进行逻辑分析后得出的结论,另一方面也是对于长期以来的课程实施进行梳理后得出的结论。

比如,语文属于典型的国家课程,是国家规定的所有学校都必须统一开设的国家课程。但语文课程的具体实施形式和过程,必须从学校的实际出发,把国家统一的语文课程要求创造性地落实到具体的学校课程实践当中。特别是其中的综合性学习课程板块,如果要真正发挥出提升学生整体语文素养的作用,就必须进行校本化实施。

事实上,许多学校都在研究这个课题,江苏省常州市星韵学校通过语文综合性学习课程基地建设,创造出了具有鲜明特色的校本化实施模式,特别是创造出了校本化的课程实施序列。

一是课堂教学序列。从课程板块的层面来看,课堂教学序列主要需确定综合性学习中节点性单元的教学安排。在进行课程纲要设计时,"应该依据语文课程的学段目标、教材内容和学生学情来具体确定综合性学习单元的教学目标、专题分布及活动安排。这样一个粗略的实施框架可以进一步具体化为综合性学习的依据分析、主题选择、情景创设、目标表述、活动安排和作业布置等教学流程"。[①]

---

① 朱洁如.语文综合性学习的课程定位与教学设计[J].全球教育展望,2014(7):120—128.

二是主题活动体验序列。主题活动体验序列主要是突破课堂学习的空间限制，在校园和社区等更大的空间范围内开展特定主题的体验活动，如星韵学校开展的经典语文墙、最强大脑、赏樱大道、母语长廊、星娃农庄等主题活动，可以丰富学生综合性学习的实践经验和应用能力。

三是项目竞赛与展示序列。项目竞赛与展示序列主要是通过竞赛和展示的形式进行，如星韵学校开展的一年一度的"能说会道星韵娃"系列评选活动，可以检验和推广综合性学习的优秀成果，激发学生开展综合性学习的热情，推广综合性学习的经验，发现表现较好的学生，营造综合性学习的积极环境和氛围。

此外，学校对于综合性学习的其他实施序列，也都因地制宜地进行了顶层设计和整体规划。而且，课堂教学序列是全部序列的重点，其他序列属于拓展性的序列，它们的重点都是在课程板块的层面上促进识字写字、阅读、写作和口语交际等课程板块之间的综合性学习和整体素养提升。在新一轮基础教育课程改革中，除了传统学科课程需要校本化实施之外，那些如综合实践活动之类的国家课程，以及地方所安排的地方课程，更需要进行校本化实施。

通过以上分析，我们知道，学校进行国家和地方课程的校本化实施，指向的是学校根据学校自身的实际情况创造性地执行国家和地方课程，以便更好地实现国家和地方的课程目标。学校可以根据学校的特点和条件，就课程资源、单元进度、授课顺序、教学方法等课程议题进行自主决策。其中，对于学校而言，当前最为重要的一个议题是加强学校课程资源的建设，让更具适应性和发展性的课程资源进入课程教学过程中。

二、乡村学校的校本课程困惑解析

相对于国家课程的校本化实施而言，乡村学校对于校本课程特色化开设的困惑可能更多，迫切需要进行认真梳理和解析。只有释疑解惑了，校本课程特色化开设的任务才能更好地落到实处。

（一）乡村学校开设校本课程的条件

困惑：乡村学校开设校本课程的条件比城市学校差吗？

解析：总体上看，中小学开设校本课程的条件，如果就经费开支、网络和信息技术支持、高新技术人才比例等方面来说，城市学校较乡村学校而言更有优势。但如果就社会资源和自然资源的丰富程度来讲,乡村学校甚至可能比城市学校更强,或者更有特色。

所以,笼统而抽象地谈论乡村学校与城市学校开设校本课程的条件孰优孰劣,意义不大,关键要看学校和教师开发与利用课程资源的意识及能力。

值得注意的是,特色化开设校本课程的本意,就是要鼓励学校和教师从当地的实际情况出发,因地制宜地开发和选用适合本校特点的课程,从而与国家课程、地方课程构成一个各有侧重、相互补充的课程整体,更好地满足学生的兴趣、爱好和实际发展需要,更好地促进学生的健康成长和健全发展。那种不顾学校实际、与其他学校和地区的条件盲目攀比地开设校本课程的做法,本身就是与校本课程的价值取向和政策意图背道而驰的。

(二) 校本课程与学校课程

困惑: 校本课程就是学校课程吗?

解析: 校本课程是指直接由学校根据学生的兴趣和发展的需要,由学校决定的课程。至于学校课程,则有两层含义,一是专指直接由学校决定的课程,这时学校课程与校本课程是同义词。二是指在学校里开设的所有课程的总称,这时无论是国家课程、地方课程,还是校本课程,都属于学校课程。因此,学校课程究竟是什么语义,需要根据具体的语境来判断。

在课程政策与理论的相关文献中,对于直接由学校决定的课程,有时叫"学校课程",有时叫"校本课程",有时也用其他表述。

例如,1999年《中共中央国务院关于深化教育改革,全面推进素质教育的决定》提出:"试行国家课程、地方课程和学校课程。"2001年《国务院关于基础教育改革与发展的决定》提出:"在保证实施国家课程的基础上,鼓励地方开发适应本地区的地方课程,学校可开发或选用适合本校特点的课程。"同年教育部发布的《基础教育课程改革纲要(试行)》进一步指出:"学校在执行国家课程和地方课程的同时,应视当地社会、经济发展的具体情况,结合本校的传统和优势、学生的兴趣和需要,开发或选用适合本校的课程。"教育部《义务教育课程设置实验方案》则规定,设置"地方和学校课程",提出"地方与学校课程的课时和综合实践活动的课时共占总课时的16%—20%"。教育部的《普通高中课程方案(实验)》则对直接由高中学校决定的课程"选修学分"作出如下说明:"学校根据当地社会、经济、科技、文化发展的需要以及学生的兴趣,开设若干选修模块,供学生选择。"在教育部2017年颁布的新的《普通高中课程方案》中,则直接采用校本课程名称,规定高中校本课程的选修学分不少于8个学分。

在教育部组织编写或审定的有关新课程的各种解读或导读书籍中,以及在教育理论界和中小学实践中,都把直接由学校决定的课程叫作校本课程,即把校本课程作为与国家课程、地方课程相对应的概念来使用。

(三) 校本课程与教材编写

困惑:校本课程建设的重点在于教材编写吗?

解析:校本课程的重点在于实现其在整个课程结构中的功能,而并不在于学校自编教材,学校尤其需要走出"校本教材"的误区。

在校本课程的开设过程中,出现了"校本教材""语文校本教材""语文校本课程"等说法和做法,在一些地方还很流行,甚至有些教育行政和业务管理部门不仅大力提倡"校本教材""语文校本课程""语文校本教材""数学校本教材"等做法,而且把它们作为对学校的校本课程进行考核、评估乃至宣传的重点,导致校本课程的开设背离了课程政策的基本方向,在实践中造成了误解和混乱。

那么,为什么课程政策上不主张"校本教材"呢?

第一,政策可行性问题。

作为一项课程政策,开设校本课程必须是所有学校都能做的。如果只有少数学校能做,就不具有课程政策上的意义了。但对于大多数学校来讲,要求凡是开设校本课程都要编教材,那是不切实际的,根本不可行。如果开设校本课程都要编写学生人手一册的"校本教材",那么对于学校和教师来讲,将是一个很大的工作量,多数学校和教师没有这样的时间、精力和能力来承担这样的工作。所以,课程政策不会鼓励和支持"校本教材"的导向。

第二,经济负担问题。

即使一部分学校和教师能够编制所谓的"校本教材",它的使用范围、周期和效率也都极其有限,会大大增加校本课程的课程成本,加重学校和学生的经济负担。因为校本课程是以学生需求和兴趣为导向的,不像具有明显知识取向的国家课程那样具有相对较大的稳定性,所以很难做到一次性建设后便一劳永逸,特别是学生的实际发展需求和兴趣,具有很强的时效性和变化性,这就使得校本课程的时效性和变化性特征非常明显,因而需要不断地进行动态调整,导致"校本教材"的思路在客观上失去了意义。

第三,有更好的课程资源形式。

由于校本课程与国家课程和地方课程的功能不同,它是以学生需求和兴趣为导向的,在教学方式上要求更加宽松灵活,所以它不必表现为教材的形式。校本课程的开设,在观念上要改变"课程必定有教材"的思维定式,从一个更为开阔的课程资源的视野来看待这个问题,即课程方案、教学简案、活动安排、专题提纲、活页讲义等形式都是比教材更为合适的校本课程的课程资源。其实,一些学校的"校本教材",如果能够转换成"课程资源"的思路,突破照本宣科地"教教材"的教学模式,那么对于开设校本课程来讲,应该是更为恰当的。

第四,教材作为国家事权的问题。

"教材"是一个政策性很强的概念,涉及非常严肃的国家事权问题。目前,所谓的"校本教材"都不具有课程政策上的合法性。2001年,教育部发布《中小学教材编写审定管理暂行办法》中曾经规定:"编写教材事先须经有关教材管理部门核准;完成编写的教材须经教材审定机构审定后才能在中小学使用。""教材的编写、审定实行国务院教育行政部门和省级教育行政部门两级管理。"

2017年,国务院专门成立了"国家教材委员会",作为处理重大教材事项的决策机制,同时在教育部设立教材局,统一管理包括中小学教材在内的教材问题。

由此可知,教材是有严格的编审程序、编写资格认证和选用制度的,而且有很高的专业要求。多数学校和教师目前在客观上还不具备编写教材的能力与条件,也不具备这样的课程权力。即使学校和教师有编写教材的意愿、时间、精力和专业能力,面对如此广大的中小学校,教材管理部门的核准和教材审定机构的审定等工作也是无法展开、根本不可能落实的。

因此,编制校本课程的文本材料时,应该摒弃"校本教材"的概念,更多地从课程资源的角度去考虑,从更加开阔的课程资源的视野来进行,选择课程方案、教学简案、活页讲义、活动安排计划等更加灵活的文本形式。这些文本形式都可以作为学校和教师开发校本课程的重要成果。

也就是说,对于开发校本课程所编制的一些教学材料,更为可行的策略是,我们应该更多地从课程资源的角度来进行理解和规范，并且从政策包括评价导向上引导学校和教师加强课程资源建设，而不是热衷于编写学生人手一册的"校本教材"。

至于"语文校本课程""数学校本课程"等说法和做法，则是对"校本课程"概念的误用。如前所述，校本课程首先是一个管理的概念，而不是一种具体的课程形态，与它对应的概念应该是国家课程、地方课程。像语文、数学等是国家规定的必修课，属于国家课程的范畴，即语文、数学的课程标准，教材编审与市场准入，等等，由国家规定，学校可以根据实际情况创造性地执行国家规定，进行国家课程的校本化实施，但不能改变语文、数学等作为国家课程的基本地位和性质。语文、数学、外语等科目的名称是国家课程的专有名称，不能用作校本课程的名称。

此外，像"语文校本课程""数学校本课程"等这样的说法和做法，也容易导致校本课程概念的泛化，造成"校本课程是个筐，什么东西都往里面装"的现象，并最终导致把十分有限的校本课程的课时用于补习国家课程，使得校本课程的功能和政策意图在实际中被架空。

所以，"语文校本课程""数学校本课程"之类的说法和做法是不恰当的。即使在开设校本课程时，一些具体的课涉及语文、数学或英语等科目的某种学科特点，如"唐诗欣赏""数学建模""趣味英语"等，也不宜使用"语文校本课程""数学校本课程""英语校本课程"的概念。这些概念太过随意，容易造成思想认识上的混乱和实践操作上的盲动。

（四）校本课程与综合实践活动

困惑：综合实践活动和校本课程的区别在哪里？

解析：综合实践活动在课程的管理性质上属于国家课程，它的课程名称、内容范围以及课时比例等由国家确定，这些方面对于地方和学校具有强制性。

比如，在2001年教育部关于义务教育课程设置的相关规定中，综合实践活动的课程名称、课时比例由国家规定，内容范围也由国家确定为研究性学习、信息技术教育、社会实践和社区服务以及劳动与技术教育四个方面。对于国家规定的课程名称、课程比例和内容范围，学校无权改变，必须执行，这是由综合实践活动作为国家课程的属性所决定的。2017年颁布的《中小学综合实践活动课程指导纲要》,虽然由于信息技术等内容成为独立科目而对综合实践活动的内容范围作了调整,但其国家课程的基本属性却依然得到了保留。

尽管如此,这一国家课程同语文、数学、英语等其他国家课程相比,又具有特殊性。主要由于地区、学校和学生之间的巨大差异性,国家在研究性学习、信息技术教育、社会实践和社区服务以及劳动与技术教育这些内容上的具体目标确定、内容选择、开设顺序、课时安排、活动方式、主次关系、年级分布等方面并不作出统一规定,而是把决定权交给地方和学校,特别是由学校根据自身实际和教育部的有关要求进行自主开发或选用。

在这一点上,综合实践活动与校本课程并无实质性区别,在技术上是十分一致的。只是在统计和管理口径上,我们必须把研究性学习、信息技术教育、社会实践和社区服务、劳动与技术教育归为国家课程,而不能算作校本课程,但学校在具体实施时可以和校本课程通盘考虑。

总之,综合实践活动作为国家课程,学校必须开设,而且内容主题范围要遵循政策规定,总的课时比例须达到规定要求,但具体怎么开设则由学校自主决定,同时要通过学校课程实施方案体现出来,并呈报上级教育行政部门或授权机构核准备案。

(五)校本课程与选修课、活动课

困惑:校本课程与选修课、活动课之间具有怎样的关系?

解析:基础教育课程改革与原有课程之间存在继承与创新的问题,校本课程也是对原来活动课和选修课的继承、规范和发展。因此,校本课程的开设要善于吸收活动课、选修课以及兴趣小组活动的经验,同时注意体现学校为本的基本思想。

学校原有的活动课、选修课、兴趣小组活动、第二课堂等,只要是学校自主决定的,学生需要和喜欢的,符合国家课程政策的,都可以直接归入校本课程中。如果在内容指向上属于研究性学习、信息技术教育、社会实践和社区服务、劳动与技术教育,则直接归入综合实践活动,超出综合实践活动规定课时部分的课程安排,可以归入校本课程。有些活动课和选修课,如果与校本课程开发的理念相去甚远,那就需要加以改造、规范和发展。

校本课程的开设在课时上可以和综合实践活动以及地方课程的课时一起

统筹安排和使用。此外,为培养学生的创新精神和实践能力,各门课程普遍增加了实践活动,学校在制定学年安排时,应根据活动的性质和内容,合理统筹安排。

(六) 校本课程与学生活动安排

困惑:如何使活动课、选修课以及兴趣小组活动发展成为校本课程?

解析:在许多中小学中,活动课、选修课和兴趣小组活动开展得很有成效,大家也都认可了这些术语,为什么还要把它们归到校本课程当中呢? 其实,这样做更多地是从课程管理的角度来考虑的。

我们知道,三级课程管理所体现出来的是一种课程权力分享和责任分担的理念,三级管理的各自职责要有比较明确的界定。而活动课、选修课、兴趣小组活动等都只是具体的课程表现形态,国家课程可以选择这些具体的课程表现形态,地方课程可以选择这些表现形态,同样,校本课程也可以选择这些表现形态,它们本身在内涵上并未具备明确的权力和责任主体,似乎谁都可以管,但好像又谁都不能管。

事实上,近年来中小学在活动课、选修课和兴趣小组活动上的随意和无序的状态,也恰恰说明了这些概念在课程管理上的先天不足。所以,需要用校本课程的概念来统筹活动课、选修课和兴趣小组活动等具体的课程形态,明确学校的课程管理权力和职责。

此外,要使中小学开设的活动课、选修课以及兴趣小组活动成为校本课程,必须正确处理好下面几个方面的关系。

第一,必修课、选修课与活动课的关系。

作为学校课程的"三大板块",必修课、选修课、活动课的提出和开设,对于打破课程的单一性、增强课程的适应性,很有现实意义。但将三者作为一个课程整体结构来考虑,在课程设计上是有问题的,会导致学校的选修课、活动课难以归类,课程设计的逻辑非常混乱。难道必修课、选修课里就没有活动课的形式?活动课就不能成为必修课或选修课?

很显然,在课程理论和课程实践上都不是这么一回事。其中,必修课和选修课属于一个范畴,活动课属于另一个范畴,它们的参照坐标是不同的,把它们硬凑在一起,对于一些课程问题是无法澄清和解决的。也就是说,活动课与必修课、选修课本身不在同一个逻辑层面上,它们之间是一种交叉关系,无法并列构成课程的整体结构。

所以,三大板块的划分,对于课程实践缺少足够的解释力,起不到应有的理论指导和规范作用,相反还引起了一些新的混乱。因此,不能把必修课、选修课和活动课作为学校整体课程结构的设计依据。

第二,活动、活动课、活动课程之间的关系。

设置活动课的本意,是希望课程能够体现活动课程的理念,满足学生的兴趣与需求,密切与学生生活经验的联系。然而,在现实的课程实践中,许多活动课,甚至包括一些兴趣小组活动,往往丢掉了活动课程的本意,简单地把"看得见的活动"等同于活动课程,把学生的兴趣、需求和生活经验等更为本质的东西抛弃了,留下的是徒有形式的"活动空壳",为了"上面的活动""学校的活动",或"教师的活动"而活动。假如这些活动课不符合学生的兴趣、意愿,远离学生的生活世界和社会发展需要,那么这种活动课对于学生发展的意义也就大打折扣,有违设置活动课的初衷。因此,活动必须与学生的兴趣、意愿和生活以及社会发展需要密切联系在一起,才具有课程的意义。

第三,选修课和活动课由谁来决定?

由于选修课、活动课并无管理理论上的意义,这就使得课程实践中选修课与活动课的责任主体变得模糊不清。许多学校的活动课、选修课是学校自主设置的,但因为缺乏课程的意识和能力,且缺乏应有的规范程序。一方面,使得选修课和活动课的设置具有很大的盲目性,为什么要开设以及怎么样开设等环节都没有经过很好的思考、研究和论证,致使学生的兴趣、需求和意愿得不到应有的尊重与体现,大大缩小了这些课的课程意义;另一方面,"课程无效"的事实却没有人负责,这方面的政策依据也相当模糊。

以选修课为例,它的起点应该是学生,首要的是学生的兴趣与需求,而不是"成人想当然的重要性",也不单是别的学校开什么课,我们学校就跟着开什么课,更不是哪位教师有空或没课上时,就让他去给学生开课。因为如果这样,对于学生来说,所谓的选修课或活动课就变成了必修课,学生在课程中没有地位可言。

所以,无论是选修课还是活动课,要成为校本课程,必须让教师和学生参与课程决策,体现学生的发展需求和兴趣爱好。

第四,选修课和活动课到底解决了什么问题?

对于广大中小学来说,以往开设选修课、活动课,关注的重点多集中在开课的形式和课时安排上,即"有老师和学生在上课",对于更为本质的课程意义则关注不够。选修课和活动课的总体目标是什么?总体目标与学校办学思想、培养目标、国家教育方针之间的关系是什么?为什么要开这门课而不开别的课?各门课之间的关系是什么?

这些问题,归根到底就是课程设计必须明确的课程的意义或价值。如果这些问题得不到应有的澄清,那么活动课或选修课的开设就可能具有很大的盲目性,起不到应有的作用。

所有这些问题都是学校课程实践中的现实问题,需要我们超越"课"和"学科"概念的局限,进入"课程"的视野,从课程的意义上来认识和解决这些实际问题。三级课程管理政策的实行,特别是校本课程的引入,为我们梳理、规范和发展原来的选修课和活动课,提供了新的平台。原来的活动课和选修课,在很大程度上为校本课程的发展奠定了必要的基础,但在一些重要问题上还需要进一步加强、补充、规范和超越,只有这样,才能成为真正意义上的校本课程。

(七) 校本课程与特长课程

困惑:特长课程能成为校本课程吗?

解析:如果特长课程是由学校自主决定的,并且符合国家课程政策,就属于校本课程。

但是,如果所谓的特长课程,都变成了补习国家课程的活动,如"数学特长班""英语特长班"等,原则上应该属于国家课程的实施范畴,而不作为校本课程的特色化来开设,因为它与校本课程的功能定位和政策意图不完全相符。其课时也应放在国家课程的课时中进行调节,而不应挤占校本课程的课时比例。

(八) 校本课程与地方课程

困惑:地方课程与校本课程的区别在哪里?

解析:设置校本课程的主要目的是,在课程结构上增强对于地方、学校和学生的适应性,并在课程的宏观结构上为尊重与满足地方、学校和学生的差异性创造条件。因此,校本课程与国家课程、地方课程在功能上是有很大差异的。

国家课程必须从国家的整体情况出发来考虑问题，它的功能重点是反映社会和时代发展对于基础教育在公民科学文化素养和精神面貌方面所提出的基本要求，满足中小学生在社会化过程中的主要发展需求，是基础教育课程的主体部分，在基础教育课程结构中起着主导性的作用，中小学的大部分课时都是用于实施国家课程的。地方课程突出了地方的特点、实际和要求，这是地方课程的重点和优势，但它仍然不可能从某所学校、某类学生群体的特殊情况的角度来考虑问题。

不管是国家课程，还是地方课程，都很难完全照顾到学生的实际发展需求，而其中相当一部分发展需求对于学生的健康成长和健全发展是有重要意义的，所以满足这一部分发展需求的任务不仅是推进素质教育的重要组成部分，而且只有在学校层面上才能完成。

换句话说，设置校本课程就是要从课程结构上弥补国家课程和地方课程的局限，在整个课程当中开一个口子，专门拿出一部分课时用于满足国家课程和地方课程所无法满足的那部分学生的发展需求，以更好地培养学生的个性特长，形成学校的办学特色，促进学生的健康成长和健全发展。这是校本课程的功能重点和优势所在，也是设置校本课程的基本政策意图。

因为校本课程的决策主体是学校，只有学校才有条件真正了解自己的学生，了解他们在学习和成长过程中，除了语文、数学、外语等国家课程的学习之外，还有哪些重要的发展需求可以通过校本课程的学习来得到满足。所以，学校要不断地了解和确认这样的发展需求，并在规定的课时范围内开设相应的课程予以满足。

例如，江苏省锡山高中曾经调查发现，学生在学会交往、学会承受挫折和学会学习三个方面的需求非常突出，所以他们当时的校本课程主要针对这三个方面的需求来开设，以便更好地帮助学生解决和消除成长过程中的问题和困惑，使学生能够更好地健康成长和健全发展。

综上所述，校本课程在课程结构上的意义在于，弥补国家课程和地方课程的不足，满足国家课程与地方课程无法满足的那部分学生发展需求。这样，国家课程、地方课程和校本课程就共同构成了一个在功能上各有侧重、相互补充的课程整体。

从课时比例上来看，校本课程相较于国家课程，在整个课程计划中处于辅助性的补充地位。但是，对于学生的健康成长和有个性的全面发展来说，这种补充是必不可少、不可替代的，而且变得越来越重要。对于学校和教师来讲，校本课程也为更好地提高教师的课程意识和能力，形成和发展学校的办学特色提供了课程结构上的要求与保障。

（九）校本课程与学科课程

困惑：学科课程的延伸能不能作为校本课程？

解析：由于校本课程是指直接由学校决定的课程，所以它首先是一个管理概念，而不是一种具体的课程形态，校本课程的实施也不统一规定具体的课程形态。因此，像学科课程、活动课程以及其他更加综合、灵活的课程形态，都可以根据不同学校、不同年级、不同学生群体的需求与特点酌情加以采用。

为增强课程的适应性，除开设校本课程外，课程政策上还鼓励国家课程的校本化实施，即学校可以根据自身的实际情况创造性地实施国家课程。

当然，学校不能改变国家课程本身的地位和性质，国家课程对于学校来讲具有强制性，不能把国家课程的校本化实施归为开设校本课程的范畴。

例如，按照义务教育课程设置实验方案的要求，英语是国家规定的必修课程，属于国家课程的范畴，小学开设英语课程的起始年级由各省（自治区、直辖市）教育行政部门决定，一般为三年级。有学校根据自己学校的条件，把开设英语课程的起始年级确定为一年级，认为一二年级开设的英语课程就是校本课程。这种说法是不恰当的。英语作为国家课程的基本性质和地位对于学校具有强制性，学校无权改变，学校的做法是对英语这门国家课程进行的校本化实施，但学校不能把国家课程的校本化实施等同于校本课程，而且这种校本化实施必须通过学校课程实施方案呈报教育行政主管部门，得到批准后才能进行。

从功能定位来看，校本课程的课时不是拿来补习如语、数、外、理、化、生这些国家课程的。校本课程不是以学科为导向的，而是以学生兴趣和需求为导向的，是主要用于满足国家课程所难以满足的那部分学生的发展需求的，因此首先要考虑具体学生的兴趣和需求，结合学校的优势和特点来开设。

校本课程一定要是学生感兴趣的内容，这是一个重要的标志。这个兴趣是个人的兴趣，是现在的需求。有些课，比如面向部分学有余力的学生、面向考试的课,诸如某些学科的辅导课之类的课,是国家规定的必修学科的延伸,学生也很感兴趣,这时很难说它就是国家课程,这些课介于校本课程定义的边界,可以作为校本课程的一种选项。但从学校层面来说,校本课程不能全是这样的课,因为这不完全符合校本课程的政策意图。

(十)校本课程的数量

困惑:校本课程开得越多越好吗?

解析:根据教育部颁布的《义务教育课程设置实验方案》和《普通高中课程方案(实验)》的规定,在义务教育阶段,地方课程和校本课程加在一起所占的课时比例约为10%—12%,即使将这些课时全部用于校本课程的开设,对于每位学生来讲,一周也只参加3个课时左右的校本课程学习。在高中教育阶段,三年里每位学生参加校本课程的学习要获得不低于6个学分(2017版《普通高中课程方案》规定为至少8个学分),即每位学生平均每周用于校本课程的学习时间大约是1个课时或再多一点。这样看来,校本课程在课时比例上是很有限的。

如果考虑到学生对校本课程的选择性问题,校本课程会在一定程度上增加学校的工作量,因此校本课程的选择性也不得不是有限的,同时学校需要考虑开课的成本,尽管各个学校会有一些差异,但在具体的校本课程的开课班额和总课时数上都是很有限的。

所以,校本课程的开设,从课程政策的意义来看,既要考虑学生的兴趣和需求,保证基本的课时和选择性,同时也要考虑学校的实际可能,并不是开得越多越好。

三、乡村学校校本课程的历史传统

对于许多乡村学校来讲,校本课程作为一个政策概念,是新生事物,比较陌生。但作为一个事实来讲,它却由来已久。不少学校或教师,或多或少都开展过类似的教育活动,是有经验和历史传承的。

(一)课堂教学以外的学生活动安排

一直以来,学校教育除了通过课堂教学来落实各个科目的学习之外,通常还会安排一些"班队会""课外活动""第二课堂""兴趣小组"等学生活动,以便让学校的教育活动更加丰富多彩。这些课堂教学以外的学生活动安排,为校本课程的开设奠定了重要的实践基础。

在"文化大革命"结束之后,特别是恢复高考制度之后的很长一段时间,为确保学校教学质量,我国中小学的课程一直是"大一统"的必修课程。也就是,由国家统一规定课程门类数量、修业年限和课时,颁布教学计划或课程方案,制定教学大纲或课程标准,学校的主要任务是执行教学计划或课程计划,落实教学大纲或课程标准。换句话说,学校的主要任务是把国家规定的课程排成课表,安排落实教学任务即可。

虽然课程是"大一统"的必修课程,学校和教师主要的任务是排课、上课,但由于地区差异、城乡差异和学校差异等,不同地方、学校和教师对于怎么排课、怎么上课,或多或少都会有基于本地区和学校的特殊性而具体的需要及考虑。特别是在学校层面,总有一些属于自己学校、班级或学科的特殊活动安排,每个学校都有自己的全校性的活动,如学校晨会、大扫除、运动会、学工、学农、学军、学雷锋等具体活动安排。同时,每个年级或每个班级都有自己的班会队会、年级比赛等活动,每个学科也都有学科课外活动、第二课堂、兴趣小组等教学实践,都会形成一些在不同层次上具有某种特色的课程实施模式。有些学校甚至还尝试着开设一些供学生选择的选修课。

这些独特的教学实践活动和选修课的开设,其目的都是为了增强课程与教学活动对于地区、学校和学生的适应性,更加符合本地区、学校和师生的实际情况。这些带有一定自发性的创新尝试和变革经验,在很大程度上是校本课程开发的重要实践基础,是校本课程开发的雏形,构成了校本课程开发的历史传统。

按照组织化的程度,大致可以把这些特色性的课程实施活动分为两个层面,一是学校和班级层面的活动,二是学生群体和社团层面的活动。

学校和班级层面的活动,包括全校性或全班性的活动安排,如升国旗、开学典礼、毕业典礼、成人典礼、入队入团礼、重大宣誓等仪式活动;学校晨会、少先队队会或共青团会、各班班会等例会性学习活动;大扫除、教室打扫、卫生检查评比等环境整理活动;体育比赛、学科竞赛、歌咏比赛、文艺会演等比赛活动;劳动节、国庆节、科技节、艺术节、儿童节、青年节等节庆活动;春游、秋游、夏令营、参观访问等实践活动;帮助困难群体、敬老献爱心、学雷锋等公益劳动、宣传活动。这一层面的活动在不同学校可能存在不同的情况和形态,即每个学校总有一些属于自己学校的特色性活动安排,这些都是校本课程开发的重要实践经验。

相对于学校和班级层面的活动而言,学生群体和社团层面的活动,在组织化程度上就要低一些,更多地是在教师指导下,学生自主性开展群体性的兴趣小组或社团学习活动。比如,部分学生组织在一起,开展自然笔记、社会调查、人文阅读、艺体训练等兴趣小组活动,一起设计黑板报,一起办戏剧社、文学社等社团活动,一起组建篮球、羽毛球、乒乓球、足球等运动队,一起开展田径、体操等比赛活动。

(二)"课""活动""学科"与"课程"

新课程改革之前,在学校、班级、学科层面形成的有特色的教学变革与实践创新活动,为进入 21 世纪,特别是新课程改革以来形成校本课程的政策选项,提供了重要的实践基础。

新课程改革以来,从政策上看,校本课程已经确立和执行了近二十年,许多学校也确实取得了一些很好的效果和成功的经验。但总体而言,从校本课程的开设情况来看,学校特色性活动的实践经验,既为校本课程的开设提供了实践基础,但同时也带有很强的传统惯性,在一定程度上限制着校本课程开发的质量和水平。因为这些特色性教育实践活动,基本上都是凭经验作出的探索,而且大多是各自为政、随意而为的,缺乏理论指导和研究成果支撑。这些零散的、单独的一节或几节课,大多不会从整体的课程上进行考虑和谋划,很难具备全面准确的课程意义和功能,所以需要从课程的角度进行观念更新和能力建设。

要理解这一问题,就必须先对课、活动、学科、课程等概念作一些区分。"课""学科"只是"课程"的一种具体表现形态,我们不能说"课程"就是"课"和"学科",但"课程"要落到实处,确实离不开"课""活动""学科"等形式。

单从课、活动或学科的层面上看,似乎每门课都可以参照必修课的形式进行开发,有些课可能还建设得相当不错。但从课程的层面来看,不少学校的活动课、选修课、兴趣小组活动中的许多课程问题还没有得到澄清和解决,课程的意义还不明确、不丰富,甚至不具备,因而还不能算作是真正的校本课程。

毫无疑问,从原先单一的必修课,到增加一些活动课和选修课,这是我国学校课程史上的一大进步,因为学校为学生安排了更多的学习机会,课程具有更大的适应性,学生有了选择的可能,教师有了参与课程开发的机会。

如果要使"课""活动""学科"具有"课程"的意义,就必须确立课、学科对于学生发展和社会发展的价值,确立这些课、活动、学科自身的合理结构以及与其他课、活动、学科之间的相互关系。特别地,"课""活动""学科"如果不与社会和时代发展的需要与特点联系起来,不与学生的生活经验、兴趣爱好和发展需求等联系起来,不具备相应的专业要件和专业要求,就很难说它具有课程的意义。

因此,原来那些随意性很强,不具备专业要件要求,无视社会发展的时代特点,特别是无视学生兴趣爱好和发展需求的"活动课""选修课"还不能称为校本课程;相反,那些由学校经过一定的合理性论证和专业设计,能够满足学生兴趣、爱好和发展需求的活动课、选修课、兴趣小组活动就具有了校本课程的意义,可以归入校本课程中。

四、校本课程的政策意义

作为三级课程管理政策的重要组成部分,校本课程与国家课程、地方课程一起,各司其职,协调发展,共同承担立德树人的根本任务,发挥课程整体的育人功能。

(一)校本课程与三级课程管理

从理论上讲,校本课程就是由学校根据学校的办学思想与教育理念而自主开设的具有学校特色和特点的课程。也就是说,学校是校本课程开设的权力主体,校本课程是由学校自己决定的。

但是,这种自主决定的权力是有政策基础和政策要求的,并不是学校任意作为、随意开设的,而是必须在国家和地方教育职能部门的指导下,在课程政策规定的范围内,学校自主开设的。

校本课程是三级课程管理政策的重要组成部分,它与国家课程、地方课程一起共同构成了中小学课程的课程整体,并不是一个完全孤立的课程门类。校本课程的开设,必须置于学校课程整体的政策框架下进行规划和落实。

在课程管理的主体和权责分配上,国家课程、地方课程和校本课程之间存在一定的差异。其中,国家教育职能部门以整体规划和国家课程为主,地方教育职能部门以推进国家课程落实和规划地方课程为主,学校则是在校本化实施国家课程和地方课程的同时,开设校本课程,如表1-1所示。

表1-1 三级课程管理职责分工

管理层级	课程归类与职责分工		
	国家课程	地方课程	校本课程
国家	整体规划基础教育课程;研制和颁行课程计划或方案;研制和颁行国家课程标准或指导纲要;研制和颁行教材等	指导地方课程开设	指导校本课程开设
地方	地方化实施国家课程	研制、报备和颁行地方课程计划或方案,研制地方课程教材或乡土教材	指导校本课程开设
学校	校本化实施国家课程	校本化实施地方课程	报备校本课程方案、开设校本课程
课时或学分	义务教育总课时占比88%—90%;高中毕业学分占比136/144	义务教育总课时占比10%—12%;高中毕业学分占比≥8/144	

就校本课程而言,学校在国家和地方的指导下,承担校本课程开设的主体职责,自主决定具体开设哪些课程,以及如何开设课程。国家和地方指导学校开设校本课程,主要是规定开设校本课程的基本原则和课时比例,而对于学校具体开设校本课程的过程不作统一要求,赋予学校充分的课程自主权力。

除了确定校本课程的开设原则和课时比例外,国家和地方对于校本课程的管理,有点类似于经济方面的"备案管理"和"负面清单管理",即学校开设校本课程的方案要向上级教育职能部门报备。同时,国家和地方教育职能部门有权力和责任明确规定哪些课不能开设。比如,一是违背党和国家法律法规方针政策的课不能开,像帮会社团、封建迷信等方面的课,就必须禁止开设。二是有组织的统一补习国家课程的课不能开,因为政策意义上的校本课程不是用来补习语文、数学、外语等国家课程的,国家课程必须在规定的课时范围内实施。而且,国家课程科目名称、课程标准和指导纲要、课时比例等,是专有名称和国家事权,校本课程不能再用同样的课程名称开课或补课。三是明显违背学生身心发展规律的课不能开,像有些学校引入所谓魔鬼训练营等之类的课,容易对学生的身心健康造成压抑或伤害,必须禁止。四是可能对国家安全、外交、民族团结、社会稳定产生负面影响的课不能开。五是上级主管部门认定的其他负面清单课不能开。

(二)校本课程的功能定位

与国家课程相比,校本课程有独特的功能定位。而且,这种功能定位必须置于与国家课程和地方课程的相互关系中,才能得到更为清晰的认识和对待。

国家课程、地方课程和校本课程,构成中小学的课程整体,共同服务于学生的健康成长和健全发展,只不过它们各自的功能分工和重点有所不同。国家课程的功能重点是确保中小学生形成必备的共同的文化科学知识基础和国民素养,更重要的是体现国家统一意志,它在中小学的课程中处于主导地位,中小学的主要课时数都分配给了国家课程,课时占比在80%以上。地方课程的功能重点是满足当地社会、经济、政治、文化和科技发展的需要,体现地方特色和特点。校本课程的功能重点则是满足学校学生个性化发展的需要,体现学校特色和学生特长。

从课时数的配置上看,除了占主导地位的国家课程外,地方课程和校本课程占比为10%—12%,如表1-2所示。

表1-2 义务教育课程结构示意表(2011年版)

课　　程	科　　目	课 时 比 例
国家课程	语文、数学、外语、体育及体育与健康、艺术或音乐/美术、道德与法治、历史与社会或历史/地理、科学或生物/物理/化学	80%—84%
	综合实践活动	6%—8%
地方课程和校本课程		10%—12%
备　　注		

在高中阶段,没有地方课程,只有国家课程、校本课程和相应的学分规定。校本课程要求不少于8个学分,学分占比为144个毕业学分的10%以内,如表1-3所示。

表 1-3　普通高中课程结构示意表(2017 年版)

课程	科目	学分结构		
		必修学分	选择性必修学分	选修学分
国家课程 学科课程	语文、数学、外语、思想政治、历史、地理、物理、化学、生物学、技术(通用技术和信息技术)、艺术或音乐/美术、体育与健康	74	≥42	≥6
国家课程 活动课程	综合实践活动	14		
校本课程				≥8
备　注	毕业学分要求为 144			

总体来讲,对于每位学生而言,平均每周有 1—2 节课的校本课程学习机会能够得到保证,就是比较理想的状态了。

校本课程在整个课程设置结构中的课时比例,正是校本课程功能定位的体现。换句话说,相对于国家课程而言,校本课程所发挥的主要功能是调节、补充和拓展,目的是要增加课程对于地方、学校和学生的适应性,满足那些国家课程难以满足而对于学生来说又非常重要的学习与发展需求。

校本课程的调节、补充和拓展功能,体现在课程目标、课程内容、学习要求、评价方式等诸多方面。

比如,在课程目标的调节、补充和拓展上,与国家课程重视统一的基础性目标不同,校本课程更重视差异化的个性目标,更重视学校特色和学生特长。在课程内容上,与国家课程重视共同文化科学知识基础不同,校本课程更重视地方性知识,满足学生感兴趣的,以及类别化、个性化、阶段化和多样化的学习发展需求,从而使得学生精神食粮的营养更丰富、更均衡。在学习要求和方式上,校本课程更加宽松活泼,不作统一要求,可以变换多种口味供学生选择,变被动为主动,以适应学生不同层次的学习发展需求。在评价方式上,校本课程没有也不主张统一考试,更多的是一种内部评价,甚至是一种自我评价。

■ 思考与讨论

（1）国家课程是全国统一的课程，有统一的课程标准和指导纲要，有三科统一的教材，其他科目教材也是经过国家统一审定后，获准供地方和学校选用的，那么，为什么还要把学校执行国家课程的任务表述为国家课程的校本化实施？

（2）校本课程的课时比例在学校总课时中占比不高，甚至很低，那么，为什么还要把校本课程的特色化开设作为学校一项重要的课程任务？

（3）在国家和地方课程的校本化实施，以及校本课程的特色化开设上，乡村学校应该怎样扬长避短或扬长补短？

专题二

乡村学校课程规划

引 言

乡村学校要完成好国家和地方课程的校本化实施以及校本课程的特色化开设任务,首先就要进行学校课程规划,形成学校层面的课程方案和教师层面的校本课程纲要,作为学校和教师创造性执行国家和地方课程、开设校本课程的蓝图与计划,指导课程的实施和开设行动。

专题重点

- 乡村学校常用的课程规划概念
- 乡村学校课程规划实务
- 乡村专题教育整合课程规划

一、乡村学校常用的课程规划概念

一般而言,学校课程规划为学校及教师实施国家和地方课程、开设校本课程提供了直接依据,涉及一系列的专业谋划过程和行动,并以学校层面的课程方案和教师层面的课程纲要等物化成果体现出来,用以指导和规范学校课程实施活动。就乡村学校而言,要做好学校课程规划,可能更需要掌握一些常用的课程规划概念。

(一) 相关术语

1. 课程与校本课程

从操作上来理解,课程属于学校教育活动,但并不是所有在学校发生的教育活动都能称作课程。学校教育活动只有满足某些专业要件规范和要求,才能称作完整准确意义上的课程。

也就是说,课程是有专业要件规范和要求的教育活动。如果这种教育活动是由学校根据国家课程政策而自主决定的,就是校本课程。

一般而言,经典的课程理论认为,满足目标、内容、实施和评价这四个基本要件要求的教育活动就是课程。但也有研究者认为,学校教育活动要成为课程需要满足以下要件的专业规范和要求。

- 计划：进行顶层设计和整体安排，而非偶发、随意的教育行为。
- 目标：对于学习活动结束时的结果有明确的预期和表述。
- 内容：具备明确的学习对象物。
- 结构：内容主题和活动安排等有明确的对权力、功能、领域、形态、梯度等关系的规定。
- 教师：专门的学习指导者，进行教学活动。
- 学生：特定的学习者，开展学习活动。
- 课时：法定地给在校学习时间予以保障。
- 评价：基于证据进行价值判断和价值改进的机制。

2. 规划、设计、开发与编制

课程规划、课程设计、课程开发和课程编制，都是围绕课程展开的专业行为，具有过程性和动态性，它们很多时候是同一个意思，经常被相互换着使用。但如果仔细推敲，四者之间还是有些差别的。

其中，课程规划相对来讲是个大概念，是对课程进行的整体上的谋划行为，包括从酝酿、准备、研制到形成实体课程产品等各个行为阶段。课程设计、课程开发和课程编制则更多的是具体某门或某些门类课程的研制行为，属于课程规划的下位概念。从流程上看，课程设计是形成"图纸"的课程规划阶段和行为，而课程开发及课程编制则是按照图纸形成"产品"的课程规划阶段和行为。课程开发与课程编制相类似，基本上是同一件事情的不同说法，可以互换使用。

3. 方案、计划与纲要

课程方案、课程计划和课程纲要，指的都是课程的文本形式，它们是课程规划、课程设计、课程开发和课程编制的物化成果或产品。

其中，人们在使用这三个术语的时候，也存在不作区分、互换使用的情况。但更多时候，人们通常把课程方案看作是个大概念，是整体性的课程规划产品，如普通高中课程方案、义务教育课程方案和学校课程方案等。课程计划，有时候与课程方案是一个意思，但更多时候是指课程方案中的课程设置计划表格。课程纲要，也叫作课程大纲，有时候它与课程标准相类似，但更多时候它是指具体某门课程的学期课程方案，为与大概念的课程方案或课程标准相区别，就称作课程纲要。

(二) 校本课程的功能定位与结构设计

1. 调节、补充和拓展功能

进入新世纪以来,二十多年的课程改革经验表明,对校本课程进行准确的功能定位和恰当的结构设计,是校本课程能否落实和开好的关键所在。

我国基础教育课程体系是由国家课程、地方课程和校本课程共同构成的课程整体。其中,国家课程满足了中小学生社会化过程中的主要发展需求,是基础教育课程的主体部分,在基础教育课程结构中起着主导性的作用,中小学的大部分课时也都是用于实施国家课程的。相对于国家课程来说,校本课程的功能主要是调节、补充和拓展。

首先,校本课程具有调节功能。

由于国家课程在目标、规格、标准、内容、教材和考试上的统一性,对于学校发展和学生发展来说,可能存在单向、单一和单调等局限性,需要从结构上开一个口子进行调节。校本课程作为学校自主开设的课程板块,虽然所占课时比例并不大,但它与居于主导地位的国家课程板块相对应,是一种结构上的调节,保证了学校作为课程管理主体拥有自主开设和选用课程的权力,为满足那些具有地方和学校特点的学生发展需求开辟了空间,使得中小学课程在整体上不再是一种国家课程"一统天下"的单一课程结构,而是具有了多样化的课程结构特征。

校本课程的调节功能,就好比某种饮食的提供,在学生获取整体营养的过程中发挥的调节作用一样,包括营养类型(学习内容)调节,以便保证学生"营养均衡";品种和花色(课程形态)调节,以便更适合学生的"口味与品味";烹饪和用餐方式(教学方式)调节,以便提升学生的"美食品鉴能力"。在中小学的课程整体结构中,一旦缺少校本课程的调节功能,学生的学习活动就很难呈现出一种丰富多彩、生动活泼的健全发展局面。

其次,校本课程具有补充功能。

补充功能是调节功能的一种具体衍生,是对国家课程所不具备的功能进行弥补,即满足国家课程难以满足的而对于学生又非常重要的发展需求。由于国家课程必须重视共性的国民素质培养和提升,所以必然把重心放在基础性的、稳定的、长期的系统知识、能力和价值观的学习上。至于对学生发展非常重要的地方性知识和生活经验,特别是那些短、频、快的,局部的,部分群体和个性化的发展需求,如何通过课程学习来获得满足,以及学生成长过程中阶段性的烦恼、困扰、疑难和要求等如何通过课程学习来化解与体现,则是国家课程做不到的事情。这一功能只有而且必须在学校层面上进行补充,这种补充既可以是学习领域或内容上的补充,也可以是课程形态和学习方式上的补充。

再次,校本课程具有拓展功能。

拓展功能是调节功能的另一种衍生,是对国家课程所具有的功能进行广度和深度上的延展,即充分展开国家课程对全体学生在某种程度上具有却无法或不必充分展开、而对某些学生却非常重要且有可能展开的功能。

这种拓展包括学习领域或学科拓展,跨学习领域或跨学科拓展,乃至学习内容、学习方式和要求在深度上的提升等。这样,学生就能在自己感兴趣、觉得特别重要的学习领域或学科当中,选择某一或某些专题,开展拓宽、加深或整合式的学习活动,以便充分发挥自己的个性特长,丰富和优化自身的知识结构,发展面向未来的核心素养。

2. 领域结构和梯度结构

在学校层面,校本课程的结构设计,可以主要从横向和纵向两个维度上来考虑。其中,在横向维度上的重点是主题领域覆盖,在纵向维度上的重点是年段梯度衔接。

校本课程的结构设计,在横向维度上应主要考虑主题领域覆盖的问题。因为校本课程是对国家课程的调节、补充和拓展,而不是对国家课程的补习,所以校本课程在专题内容,特别是在课程名称上不能与国家课程的科目名称重合,也不能变成"语文校本课程""数学校本课程"等类似的称谓。

校本课程涉及的主题,可以大致包括五个方面:

(1) 反映学生兴趣、特长、综合素质和身心健康等个性发展的主题;

(2) 反映时代发展需要的新的素质,如理财、表达、合作、宽容、创新等方面的主题;

(3) 反映学校特色发展的主题;

(4) 反映民族、民俗、社区、环境等地方文化与自然的主题;

（5）其他对学生发展有重要价值而国家课程又难以涉及的主题。

需要强调的是，学校的校本课程对于上述五个方面并不一定要面面俱到，可以选择其中某个或某几个方面的子项目作为主题领域。

通过主题领域覆盖分析，可以看出校本课程所涵盖的内容结构分布，比如集中在哪个或哪些领域，具有哪些优势或特色，哪些领域是缺失的，具有哪些劣势或短板，等等。

这样积累一段时间之后，学校就能够描述校本课程发展的主题领域变化轨迹，甚至可以据此分析和预测校本课程的发展趋势，或学生学习校本课程的兴趣点和生长点，从而在主题领域覆盖方面不断进行改进。

校本课程的结构设计，在纵向上主要应考虑年段梯度衔接的问题。年段梯度衔接是指把横向上的主题领域在纵向上由低年级向高年级形成与学生年龄特点、兴趣爱好和学习基础相适应的校本课程序列。

这个序列的梯度既可以是不同的主题从易到难分别从低年段到高年段进行安排，也可以是同一主题从易到难分别在低年段、中年段和高年段开设。

需要注意的是，无论是不同主题或是同一个主题从低年级开到高年级，应该尽可能地为学生提供可以有所选择的主题活动。特别是，当学生不愿意就同一个主题从第一学期学到第二学期、从低年级学到高年级时，学校应该尽量为他们提供替代性的课程选项。

通过年段梯度分析，可以看出校本课程的年段梯度分布情况，并据此描述校本课程的年段特征，分析和预测不同年段学生学习校本课程的具体变化，从而在年段梯度衔接方面不断进行改进。

此外，校本课程的结构设计还可以按照学生选课的自由度来考虑，如将具体的校本课程分为必修、选择性必修和选修等类别。

如果能够把校本课程的整体结构按照主题领域覆盖、年段梯度衔接和学生选课自由度来综合设计和安排，就可以为实现校本课程的调节、补充和拓展功能，体现学校独特的教育哲学思想，为促进学生更加富有个性地健全发展提供有效的技术支撑。

二、乡村学校课程规划实务

学校课程规划的意义在于把要国家和地方课程实施以及校本课程开设的相关事项想清楚、说明白、写准确,以便课程能够更好地落地、落实,收到实际的教育成效。这项工作,想清楚最重要,只有想清楚了,才能说明白,写准确。但从乡村学校课程规划的操作实务来讲,只有落实为课程方案、课程纲要等课程文本,才是可以在更大范围内共同遵循的课程行动指南。

(一)课程规划文本

1. 形式要件与内涵要求

课程规划文本必须从构成课程的基本要件上去阐释具体的内涵性要求。这既是课程规划的内容,同时也是课程实施、评价和管理等工作的重要依据。判断课程规划文本质量的高低,主要有四条标准,一是要件完整,二是内容匹配,三是整体一致,四是理念先进。

虽然课程方案和课程纲要都是课程规划文本,在形式要件和内涵要求上有一定的共通性,但因为课程方案更具整体性,更为宏观和上位,而课程纲要则更具体和局部,所以两者在形式要件和内涵要求上都存在一定的差异。

2. 关于课程方案的形式要件和内涵要求

从学校整体的课程方案来讲,应该是围绕国家和地方课程的校本化实施以及校本课程的开设两大任务展开的,但因为国家和地方课程通常都有课程方案、课程标准或指导纲要等课程文件,所以学校层面的课程方案更多地偏重于校本课程规划。校本课程规划的形式要件,大致包括以下要件和内涵要求:

- 背景分析:开设课程的理由或重要的关联信息,可以从缘起和传统等历史视角,基础、条件、需求、问题等现实视角,以及指导思想、目的意图、核心价值等未来视角出发,作出扼要说明。也可以遵循 SWOT 模型加以扼要说明,即说明开设课程的优势(strength)、劣势(weakness)、机遇(opportunity)、挑战(threat)等。
- 目标制定:从目标主体、行为、内容和条件等方面,对培养目标、课程目标、教学目标、学习目标、活动目标等目标序列或其中某个、某些目标作出明确、完整的表述。

- 结构安排：选择和确定某个或某些角度的课程结构,如国家、地方、校本课程等管理权力结构,基础型、拓展型课程等功能结构,学科、跨学科、整合等形态结构,领域、专业、模块、主题、单元等内容结构,必修、选择性必修等选课结构,年龄、年级,或初级、中级、高级等梯度结构,并体现为课程设置计划表。

- 资源开发：提供两大资源清单,一是素材性资源,即说明学习内容的来源,包括:(1)课程标准、学科指导意见、教材、参考书、练习册、考试说明、考试卷、音像资料等课本系统;(2)经验、知识、感受、理解、创意、问题、困惑、方式、技术、方法、情感、态度、价值观等师生互动生成性资源;(3)社区、机构、行业、车间、田头、基地等社会系统;(4)江河湖海、高山平原、环境生态等自然系统中蕴含的学习内容来源。二是条件性资源,即保证学习的基础条件,包括:(1)学习的设备、设施、场馆、基地、载体等物质条件;(2)学习的时间、时机、氛围、情境等时空条件。

- 实施推进：说明课程实施的原则、任务、路径、特色,以及需要处理好的各种矛盾和关系;如扼要说明学期课程纲要、专项课程安排、课堂教学、整合单元、选修、辅导、学分、走班制等国家课程实施的事项要求;扼要说明拓展、活动、社团等校本课程实施的机制和注意事项要求;扼要说明课程申报、审议、选课、上课、教研等课程实施的事项要求。

- 管理和保障：说明课程管理和保障的原则与思路,特别是需要明确课程管理和保障的职责分工、建章立制、过程督导、绩效考核以及奖励与惩处等方面的具体措施。

- 评价机制：课程评价原则或理念,特别需要强调评价促进学生学习和发展的功能,强调评价即学习等学生自主评价和多元评价的理念,从方案评价、过程评价、效果评价等方面阐述国家课程评价和校本课程评价的要求。

3. 关于课程纲要的形式要件和内涵要求

如表2-1所示,课程纲要的形式要件与内涵要求,同课程方案相类似,只不过课程纲要的形式要件和内涵要求更具体,更贴近实际教学需要。

表 2-1 学期课程纲要示例表

课 程 名 称		备 注
年级/学期		
课程简介	(对象、性质、学习方式、内容主题、主要功能和目的等)	
背景分析		
课程目标		
单元/周次/课时		
教学思路		
学习重点		
学习资源		
活动安排		
评价任务		
作业布置		

(二) 课程/学习目标的研制

1. 课程/学习目标的政策依据

课程/学习目标对于教学活动的重要性是不言而喻的,因为"学校里的学习活动是典型的目标导向行为……就教师的作用而言,目标使教师有机会说明教师希望通过教学让学生学会什么并满怀希望地以此组织教学"。[①]

换句话说,制定课程/学习目标是教师开展教学活动和提高教学质量的一项重要的基础性工作。但从已有的研究成果和实践进展来看,其制定还存在不少认识和技术问题需要进一步研究及解决。教师只有经过对政策、学情和实践等多重依据进行研究,打通政策要求、学情基础与教学实践之间的联系,才能制定出科学合理而又切实可行的课程/学习目标。

课程/学习目标的政策依据主要体现在课程与教学的政策文件当中,通常包括课程标准、学科教学指导意见、教材及其配套的教学参考书、考试说明等文本材料中的政策表述与政策解读。

(1) 课程标准。

课程标准是制定课程/学习目标的首要政策依据。因为课程标准的核心是

---

① [澳] 科林·马什.理解课程的关键概念[M].徐佳,吴刚平,译.北京:教育科学出版社,2009:31—32.

目标,所以课程标准在国家政策层面上规定了课程/学习目标的基本范围和要求。在课程/学习目标体系中,培养目标、阶段目标和科目目标是最为基本的组成部分。从培养目标到阶段目标再到科目目标,它们之间存在着宏观与微观、整体与部分、抽象与具体等密不可分的互动关系。其中,与课程/学习目标关系最为贴近的是科目目标,即通常所说的学科课程标准。即使是学科课程标准,也必须经过教材等一系列转换手段才能进入实际的教学过程。

由于学科课程标准中的分项目标是对所有学习者提出的共同基本要求,具有普遍性和共通性,因此对整个教学系统起着不可替代的指导作用。但同时,学科课程目标又不可能照顾到具体的学校、年级、班级,乃至某些学生的特殊性和差异性,因而大多与具体实际的课堂教学存在一定的距离,不能直接移植到课堂教学中。也就是说,教师的教学活动既要遵循课程标准的基本要求,又要结合教学实际进行调整和创新。所以,课程标准必须通过分解才能转化成为具体的课程/学习目标。"对于教师而言,课程标准是上位目标,因此教师需要学会分解课程标准,即如何根据课程标准、教材、学生与资源等具体情况,将课程标准,特别是内容标准部分分解成具体的、可操作的、可评价的学习目标。"[①]

因此,课程/学习目标的制定必须以课程标准作为政策依据。一方面要紧紧围绕课程标准,特别是对学科课程标准进行深入的条文分析,另一方面更要把握课程标准的政策精神实质,创造性地将其转化为更丰富、更具体、更符合学校教学实际的课程/学习目标。

(2)学科教学指导意见。

在我国学校教育中,由于课程标准是在国家层面上对教学活动提出的基本要求,很难充分照顾到各个地方、学校、教师和学生层面上的差异性与适应性问题,所以多数地方教研部门都会根据国家课程标准的要求,结合地方的教学实际情况,出台更加具有地方特点的学科教学指导意见或纲要之类的指导性文件。从一定意义上讲,这些指导性文件是对国家课程标准所作的地方化的政策解读,而且通常都是由当地对学科教学有深刻理解和丰富经验的优秀教研员及骨干教师承担编写任务,在专业性上能够保证某门学科的课程/学习目标更加

---

① 崔允漷.有效教学[M].上海:华东师范大学出版社,2009:111.

具体和可操作,更加突出地顾及地方教学的差异性和适应性。

所以,学科教学指导意见应该成为教师制定课程/学习目标的重要参考依据。特别地,教师要重视学科教学指导意见在解读课程标准时的指导思想和在目标表述上的变化,这对于理解和贯彻课程/学习目标的地方要求具有重要的意义。

(3) 教材及其配套的教学参考书。

通常所说的教材即教科书,主要由学科专家和优秀教师编写,并经过国家授权机构的审定,能够代表或反映国家课程标准的意图。"从本质上说,教材是课程资源的一部分,但它具有特殊性,在很大程度上反映国家意志,反映国家对于基础教育的基本质量要求,为基础教育提供了一个落实课程标准的参照性标杆与尺度,是政策性很强的课程资源。目前,地方、学校和教师都无权拒绝选用教材。教材不是可有可无的课程资源,而是最基本的课程资源。"[①]

一般而言,一套通过审定的教材都会有相应的配套教学参考书供教师使用。事实上,对于教师而言,教材及其配套的教学参考书是教师日常教学中使用最多的课程/学习目标的制定依据。与课程标准和学科教学指导意见相比,教材及配套的教学参考书更具操作性,更贴近教师的教学实际。当然,教材与配套教学参考书的使用,必须同课程标准的政策精神结合起来,才能更好地制定和实现合理的课程/学习目标。

(4) 考试说明。

考试的目的很大程度上是为了检验课程/学习目标的达成度、检验课程/学习目标在学习结果中的实际落实情况,所以教育考试机构,特别是中考和高考机构通常都会依据课程标准、招生要求和教学实际情况,出台具体的考试说明或指南之类的政策文件,以便对考试命题进行规范,对教学活动进行引导。其实,教学无需避讳考试,而且好的教学反映在考试成绩上至少应该是不差的。换句话说,制定课程/学习目标的目的之一,就是要帮助学生获得更好的学业成就表现,包括提高考试分数。只不过,考试成绩不是制定学习目标的唯一目的,更不是制定课程/学习目标的最终目的。

---

① 余文森,吴刚平,刘良华.关注资源、学科与课堂的统整[M].上海:华东师范大学出版社,2005:25—26.

教师在制定课程/学习目标时，要重视考试说明的文本表述，分析考试的内容、要求，特别是考试的重点和难点，把它们吸收到具体的课程/学习目标之中，并通过实际的教学有梯度地予以落实。与此同时，还要重视实际的考试动态，结合最近几年的正式考试卷，通过双向细目表等技术手段分析近年来的考试趋势，并有针对性地将其吸收到课程/学习目标的制定过程中来。

2. 课程/学习目标的学情依据

学情的内涵十分丰富，但在一般意义上讲，主要包括学生的个人背景、已有知识基础和学段关联知识要求。正是在学生的个人背景、已有知识基础和学段关联知识要求的综合考虑下，教师才能对于课程/学习目标作出恰当的难度预估，确保学习活动起点不高、终点不低。所以，学情是制定课程/学习目标的重要依据。

(1) 个人背景。

学生的个人背景既有地域和学校的相似性，也有个体独特性，主要包括学生家庭的社会经济处境、所属生源的群体特点、学习态度、性格和气质等个性心理，以及学习需要、动机、兴趣和理想等个性倾向性。这些因素成为了制定学习目标不可忽视的现实基础。这些因素未必在每次学情分析时都需重新梳理一遍，但对它们的整体特征进行准确把握，特别是当它们有一些重要变化，对教学产生影响时，则有必要以适当的形式及时地反映在教学设计和教学过程之中。

(2) 已有知识基础。

学生的已有知识基础主要包括已有知识的内容范围和掌握情况，它对于课程/学习目标在内容的结构分布和要求的难易程度上具有限制作用。

(3) 学段关联知识要求。

不同的学段有不同的关联知识要求，它是影响学习内容和学习活动安排的前备知识与后续知识。明确具体学段的关联知识要求，有助于确定学习目标所涉及的知识内容在学科或单元学习中的定位。制定学习目标时，要结合关联知识情况，考虑纵向衔接和横向贯通的问题，注意学习内容和活动安排上的呼应与整合。

由于当代教育多样化、选择性和高质量的发展要求，教师在结合具体学情制定课程/学习目标时，越来越需要重视在共同要求的课程/学习目标的基础上,增加个性化的课程/学习目标。在这种情况下,学情依据对于课程/学习目标的意义就更加凸显了。

在教学实践中,教师在制定课程/学习目标时,通常都能够认同进行学情分析的必要性,但对于究竟什么是学情,如何分析学情并将其纳入课程/学习目标的问题,还需要更多的理论和实践研究成果支持。即使在同一所学校同一个年级中,不同班级学生群体的具体学情也会存在差异。这种差异对制定课程/学习目标有重要影响。

3. 课程/学习目标的实践依据

课程/学习目标的制定和完善,不仅需要充分的教学准备过程,需要进行政策分析和学情分析,而且还需要接受教学实践的检验和修正。在这个意义上讲,教学实践是课程/学习目标制定的重要依据。从操作上看,课程/学习目标的实践依据至少需要两个方面的步骤才能体现出来。

(1) 长期积累的教学经验。

教师长期积累起来的教学经验是制定课程/学习目标的重要依据,是课程/学习目标的实践理性基础和宝贵财富。教师在制定课程/学习目标时,要不断反思和融入自身的教学经验。教师需要把课程/学习目标的政策要求、学情基础置于日积月累的教学经验当中,使之具体化和对象化,完成课程/学习目标的具体表述。

(2) 具体教学实践尝试。

教师制定的课程/学习目标在进行教学实践尝试之前都只是一种计划形态,只有经过实际的教学过程才能落到实处。教师在教学过程中要通过课堂观察、学习评估和课后反思等途径,判断课程/学习目标是否科学合理,是否切实可行,并在实践理性的基础上,检验、调整和完善课程/学习目标,为后续的教学过程提供指导。只有在这个时候,教师才算经历了一个相对完整的课程/学习目标制定过程。而一个学科、一所学校的课程/学习目标体系,则是在经历一个又一个具体的课程/学习目标制定过程之后集合而成的教学研究成果。

4. 课程/学习目标多重依据的不同意义

实际上,课程/学习目标的制定依据,除了政策要求、学情基础和教学实践三大构成要素外,教师还可能考虑到社会发展、时代进步和学科最新成果等众多复杂因素的影响。不过,这些要素作为制定课程/学习目标的依据,对于教师而言可能要求过于苛刻了。比较可行的策略是,在鼓励教师考虑这些要素的同时,将它们及时转化为政策要求而发挥作用。从总体上讲,构成课程/学习目标制定依据整体的主要还是政策要求、学情基础和教学实践。当然,三大要素各自的地位和作用还是有所区别的。

(1) 政策要求凸显统一性和规范性。

在理论意义上,政策要求是制定课程/学习目标,特别是分解和细化它们最重要的依据,其作用是解决课程/学习目标的统一性和规范性问题。其中,课程标准是政策要求的主体部分,学科教学指导意见、教材及其配套的教学参考资料、考试说明等政策性文本都是对于课程标准所作的进一步解读或具体展开,它们分别各有侧重地在课程/学习目标的确立、落实和达成度上发挥作用。课程标准体现课程/学习目标的政策方向,学科教学指导意见、教材及其配套的教学参考资料、考试说明等则更加贴近教师教学实际,有助于教师制定切实可行的课程/学习目标。

(2) 学情基础强调差异性和个性化。

学情基础是制定课程/学习目标,特别是调整课程/学习目标、建立校本化课程/学习目标体系的重要依据,其作用是解决课程/学习目标的差异性和个性化的问题。其中,学生的已有知识基础是教学的起点,课程/学习目标的制定不能够脱离这个基础,而应该属于学生已有知识基础的"最近发展区"范围内。学生已有知识基础是作为"最近发展区"的课程/学习目标的主要依据。所以,在教学实践中,有经验的教师常常提到"摘果子"理论,即课程/学习目标应该是学生能够"跳一跳、摘得到"的学习要求。由于各个学校乃至班级学生的已有知识基础存在差异,所以真正切实可行的课程/学习目标一定是校本化的、具有学校乃至班级个性特点的。那种千校一面、千人一面的课程/学习目标是不可能体现和适应丰富多彩的教学实际的。学段关联知识要求,则是在具体的某个学习时段确立具体的分项课程/学习目标的辅助性依据,是影响分项课程/学习目标定位的重要方面,也是判断学生已有知识基础的重要参照。此外,学生的个人背景对于课程/学习目标的制定具有一种弥散性的影响。

(3) 教学实践检验操作性和持续性。

教学实践是制定课程/学习目标,特别是检验和完善课程/学习目标的重要依据,其作用是解决课程/学习目标的操作性和持续性的问题。其中,教学经验体现的是教师在制定课程/学习目标时的实践理性,而教学观察和教学反思则使这种教学实践理性过程化、动态化。在教学实践的关照下,课程/学习目标才能不断地得到检验、修正和完善。

(4) 课程/学习目标的多重依据是一个有机整体。

在课程/学习目标的多重依据中,政策要求、学情基础和教学实践是一个联系紧密的有机整体,可以分解,但不能割裂,必须在分解的基础上进行整合。其中任何一个单项因素的缺失和落后,都会影响课程/学习目标的科学性和合理性。反过来说,任何一个单项因素的突破和改进,又都可能带动课程/学习目标的实现,促进教学的整体功能的发挥。

比如,政策要求,特别是课程标准不可能完全脱离学情基础和教学实践而单独解决课程/学习目标的统一性和规范性问题,而必须在学情基础和教学实践的配合下才能较好地发挥出统一性和规范性的功能。同样,学情基础强调差异性和个性化、教学实践检验操作性和持续性,这些也都是在课程/学习目标的整体依据中才能实现各自的功能发挥的。

当然,在制定课程/学习目标时,对于政策要求、学情基础和教学实践等多重依据中的任何一个方面的突破,都可能凸显其他依据的重要意义,并带动其他依据的研究和功能发挥进程。

课程/学习目标不同依据的发展状态和相互之间不同的关系现状蕴含与孕育着不同的课程/学习目标发展空间及组合模式,为教师和学校创造性地制定校本化的课程/学习目标奠定了多样化的现实基础。而且,教师在制定课程/学习目标的时候,可以选择适合于自己学校和学科的突破口,不应该也不必要强制性地要求所有学校和教师采用同一种模式来完成课程/学习目标的制定。课程/学习目标的各种依据并非齐头并进地功能最大化就能发挥出整体最佳功能的,而是各种依据之间以一种科学合理而又切实可行的结构关系组织起来,经过系统叠加和耦合之后,才能发挥出具有学校和学科个性特点的"1+1>2"的整体最优功能。

因此,在具体的学校和班级的学科教学中,由于教师对于政策要求、学情基础和教学实践的理解与研究状态不同,可能会形塑出不同的课程/学习目标制定风格和教学改进模式。

比如,全面构建学校或学科课程/学习目标体系的整体推进模式,以单元课程/学习目标为起点的累积渐进模式,以听评课等教研活动进行课程/学习目标诊断和修正的评价改进模式等,都是行之有效的课程/学习目标制定模式,都可能在不同学校或学科以及同一个学校或学科的不同阶段获得重点支持和发展。而且,在各个大的目标制定模式下又可以发展出各具特色和风格的亚模式及子模式群。

虽然不同的模式解决教学问题的范围和重点是不同的,但它们最终又都是殊途同归的,都指向教学活动的有效开展和教学质量的稳定与提高。

(三) 课程/学习目标的表述技术

1. 目标表述的要素与方式

具体的课程/学习目标表述,涉及五大要素,包括:

(1) 行为主体;

(2) 行为动词;

(3) 行为对象;

(4) 行为条件;

(5) 表现程度。

在五大要素中,最为重要的是行为动词和行为对象,其他要素在不产生歧义和误会的情况下,往往是可以省略的。

其中,行为对象主要表述学习内容,行为动词主要表述学习过程、学习结果或学习表现。不同科目的学习内容差异很大,但其学习过程、结果或表现却有很大的共通性。

从学习过程或结果的角度来看,课程/学习目标的表述方式大致可以分为三种,包括:

(1) 结果性目标表述方式;

(2) 体验性目标表述方式;

(3) 表现性目标表述方式。

三种表述方式都通过目标水平、行为动词和行为对象来展开,它们共同表述对于课程内容的学习要求。

2. 结果性目标表述

结果性目标表述方式所表述的是可以结果化的课程目标,指向学习者的学习结果。这种方式主要应用于各个科目中知识与技能领域的课程/学习目标表述。

知识领域的结果性目标水平主要包括了解、理解和应用,技能领域的结果性目标水平主要包括模仿、独立操作和迁移,不同目标水平通过相应的行为动词和行为对象进行表述。

表 2-2 结果性目标表述

领域	目标水平		行为动词	行为对象
知识	了解	再认或回忆知识,识别、辨认事实或证据,举出例子,描述对象的基本特征等	说出、背诵、辨认、回忆、选出、举例、列举、复述、描述、认识、再认等	如累计认识常用汉字2 500个左右
	理解	把握内在逻辑联系,与已有知识建立联结,进行解释、推断、区分、扩展,提供证据,收集、整理信息等	解释、说明、阐明、比较、分类、归纳、概述、概括、判断、区别、提供、转换、猜测、预测、估计、推断、检索、收集、整理等	如联系上下文理解词句的意思
	应用	在新的情境中使用抽象的概念、原则,进行总结、推广,建立不同情境下的合理联系等	应用、使用、质疑、辩护、设计、解决、撰写、拟定、检验、计划、总结、推广、证明、评价等	如运用音序检字法和部首检字法查字典、词典
技能	模仿	在原型示范和具体指导下完成操作,对所提供的对象进行模拟、修改等	模拟、重复、再现、模仿、例证、临摹、扩展、缩写等	如用毛笔临摹正楷字帖
	独立操作	独立完成操作、进行调整与改进、尝试与已有技能建立联结等	形成、完成、表现、制定、解决、安装、绘制、测量、尝试、试验等	如自己设计一种方案,测量一些固体和液体的密度
	迁移	在新的情境下运用已有技能、理解同一技能在不同情境中的适用性等	联系、转换、灵活运用、举一反三、触类旁通等	如用两个不同焦距的凸透镜制作望远镜

3. 体验性目标表述

体验性目标表述方式所表述的是难以结果化的课程目标,指向学习者的心理感受和情绪体验等变化过程。这种方式所采用的行为动词往往是历时性和过程性的,主要应用于过程与方法、情感态度价值观领域的课程/学习目标表述。

体验性目标主要包括经历(感受)、反应(认同)和领悟(内化)三个水平层次,分别运用相应的行为动词和行为对象予以表述。

表2-3 体验性目标表述

目标水平		行为动词	行为对象
经历(感受)	独立从事或合作参与相关活动、建立感性认识等	经历、感受、参加、参与、尝试、寻找、讨论、交流、合作、分享、参观、访问、考察、接触、体验等	如**与他人交流**自己的阅读感受
反应(认同)	在经历基础上表达感受、态度和价值判断,作出相应的反应等	遵守、拒绝、认可、认同、承认、接受、同意、欣赏、称赞、喜欢、讨厌、感兴趣、关心、关注、重视、采用、采纳、支持、尊重、爱护、珍惜、蔑视、怀疑、摒弃、抑制、克服、拥护、帮助等	如**关心**作品中人物的命运和喜怒哀乐
领悟(内化)	具有相对稳定的态度、表现出持续的行为、具有个性化的价值观念等	形成、养成、具有、热爱、树立、建立、坚持、保持、确立、追求等	如**热爱**我国优秀的民歌和民间乐曲

4. 表现性目标表述

表现性目标表述方式所表述的是与表现有关的开放性课程目标,指向学习者的模仿和创作等活动过程与结果。这种方式所采用的行为动词往往是学生的动作表现,主要应用于艺术、操作实践等领域的课程目标表述。

表现性目标水平主要包括复制和创作,分别通过相应的行为动词和行为对象予以表述。

表2-4 表现性目标表述

目标水平		行为动词	行为对象
复制	按照教师提示重复某项活动,根据现有资源复制某项产品、作品或操作活动,按要求利用多项简单技能从事某项任务等	从事、做、说、画、写、表演、模仿、表达、演唱、展示、复述等	如**背唱**歌曲4—6首
创作	根据提示从事某种较复杂的创作、按自己思想和已有资源完成某项任务、利用多种技能创作某种产品等	设计、制作、描绘、涂染、折叠、编织、雕塑、拓印、收藏、表演、编演、编写、编曲、扮演、创作等	如**用各种手段绘制**童装、学生装或校服的设计效果图

三、乡村学校专题教育整合课程规划

由于形势发展的需要，乡村学校各类专题教育的要求与呼声持续高涨。但对于乡村学校而言，各类专题教育更应该在进行结构性的调整和转换后，融入到现有课程政策空间和课程实施框架中，并相应地整合到学科教学、综合实践活动、校本课程和班团队活动等课程安排之中，从实施机制上保证各类专题教育能够纳入乡村学校的日常教育教学系统中，进行统筹规划和整体推进。

（一）乡村学校专题教育整合实施的路径规划

1. 学科渗透整合实施路径

乡村学校专题教育的整合实施机制意味着专题教育通过某些路径、技术、形式和方法等整合措施，融入到整个学校的既有教育教学体系当中，落到实处并顺利运行。也就是说，无论什么样的专题教育，从操作可能性上看，都必须通过设置相应的活动主题，按照领域相近和便于操作的原则，归入既有的课程结构之中，即要么是学科渗透整合实施，要么是板块单列整合实施，而不是在政策规定的既有课程结构之外另行拿出课时来开展教育教学活动。

因为学科课程在中小学的课程结构中占主导地位，所以专题教育的整合实施首先要考虑如何与学科课程相融合，开辟专题教育的学科渗透整合实施路径。即从学科的角度出发，把专题教育内容和学科教学整合起来，既有专题教育内容，更有学科视角与方法的运用和延伸，相互渗透，组成一个渗透式的学科或跨学科教学单元，同步完成学科教学和专题教育的任务。

以公共卫生安全教育专题为例，其中的新冠肺炎抗疫主题就可以按照不同的视角，采用综合主题单元的形式，渗透整合到领域相近的不同学科教学当中，特别是运用学科的思想方法和探究方式，开展主题单元的内容学习活动。

比如，在道德与法治课中设计"抗疫中的道德与法治问题"主题单元，在语文课中设计"居家隔离抗疫日记三则"主题单元，在数学课中设计"新冠肺炎疫情数据总汇"主题单元，在物理课中设计"红外测温"主题单元，在化学课中设计"防疫消毒品制备"主题单元，在信息技术课中设计"健康码APP"主题单元，在生物课中设计"新冠病毒传播与阻断"主题单元，在英语课中设计"世界疫情防控英语小报"主题单元，在历史课中设计"人类抗疫简史"单元，在地理课中设计"疫情地图

绘制"单元,在艺术课中设计"抗疫事迹剧展"单元,在体育健康课中设计"防疫卫生三例"单元,等等,都是学科渗透整合实施的主题单元教学设计思路。

专题教育的学科渗透整合实施路径,主要特点是把学科视角、知识、思想、方法、探究方式和关键能力,运用到各类专题教育和相关内容的学习之中,用学科理论联系各类专题教育实际,学以致用,同时实现学科教学和专题教育的育人价值。

2. 板块单列整合实施路径

专题教育的板块单列整合实施路径,即运用学科课程以外的校本课程、综合实践活动、班团队会等课程板块的政策空间和课时,为特定的学生群体单独设计专题教育整合教学单元,开展教学活动。这样既落实了校本课程、综合实践活动、班团队会等课程政策要求,也能完成各类专题教育任务。

与学科渗透整合实施路径相比,专题教育的板块单列整合实施路径,在主题单元的教学设计技术上并无实质性的不同。它的主要特点是没有特定学科视角的限制,教学整合的自由度更高,可以是一个学科或多个学科整合的视角,也可以完全是兴趣小组活动和社团活动的视角,个人经验的视角,或者其他更加灵活的视角,设计开发出一个或若干个教学主题单元、活动主题单元。

比如,同样是公共卫生安全教育中的新冠肺炎抗疫主题,类似"配戴口罩与社会文化心理""抗疫中的在线学习状况调查"等跨学科整合主题单元教学或研究性学习活动安排等,都可以通过综合实践活动、班团队会活动和校本课程等课程板块单列整合实施路径来予以落实。

总之,运用综合实践活动、校本课程、班团队活动等课程政策空间,结合学生需要和学习要求,把各种专题教育转化成为整合教学主题单元或单元序列就可以了。

3. 教学场域整合实施路径

专题教育的教学场域整合实施路径,主要包括实体空间的课堂教学场域整合实施路径与虚拟空间的在线教学场域整合实施路径。许多专题教育,特别是像公共卫生安全教育专题中的新冠肺炎抗疫主题单元整合教学,既有线上教学的条件,也有线下教学的需要。新冠肺炎抗疫主题单元整合教学设计,应该用好线上线下两个教学场域的整合,同时更要把两个教学场域整合的优势进一步整合起来,实现优势互补。

首先,充分发挥在线教学场域整合实施路径的优势。

在计算机信息技术、互联网技术和人工智能技术日益普及的信息文明时代,中小学生几乎都是数字原住民,他们获得各种信息的通道非常广阔,对于融媒体的运用能力甚至强于不少教师。因为大量的抗疫主题教学资源其实网上都有,可以十分便捷地获取和利用,同时师生之间、同伴之间的线上交流平台技术也越来越成熟和实用,所以新冠肺炎抗疫主题单元的线上教学几乎是水到渠成的事情。

学校和教师更多是要将一种自发的、向度不一的、偶然被动接触的状态转换成一种自觉的、有计划的、主动探索和学习的状态,将各种网上有关新冠肺炎抗疫资料进行识别和结构化,使之整合成对学生有意义的知识,并融入到既有的课程结构当中予以落实,而不仅仅只是一堆杂乱无章的信息散落在各种在线网络空间中。

新技术条件下抗疫主题单元的整合教学设计,重点是探究信息结构化的视角和学习方式。如果说,新技术条件下的线上教学能够便捷获取各种抗疫大事件的信息数据是"水到"之水,那么,抗疫主题单元整合教学设计则是设法能够搭建信息结构化的探究视角和学习方式的"渠成"之渠。通过线上技术与抗疫主题内容、学习方式的整合,有助于学生更好地实现从抗疫信息到抗疫知识再到抗疫方法和能力乃至抗疫情感态度价值观的转变。

其次,有选择地用好线下的课堂教学场域整合实施路径。

尽管线上教学场域具有获取资源以及相互交流非常便捷的优势,但却也存在某些局限,因为它毕竟是虚拟现实的教学空间,与真实现实的教学空间及相关功能之间还是存在较大差异。从线下教学场域看,抗疫主题单元整合教学设计,优势和重点是师生之间的现场交流与相互激发、抗疫方法论学习、人际氛围体验与情绪情感交流,所以更适合于汇报展示、观点辩论、深度研讨、服务学习和实践学习等抗疫主题单元整合教学环节与方式。

总之,要善于运用线下教学场域的优势,以便实现线上线下两个教学场域的优势互补和深度融合。

需要注意的是,抗疫主题单元整合教学设计,无论是学校层面的整体设计,还是课堂层面的专项设计,无论是线上还是线下教学场域的整合教学设计,重点都是激发学生对于抗疫主题的兴趣,使学生学到真本事,让教有所值、学有所值,实现专题教育的教育价值本身。在线上线下两个教学场域中,重点都不是增加课时和任务的思路,而是结构性调整和转换的思路,特别是必须要控制学习时间总量,避免抗疫主题整合教学成为无效的学习时间。

4. 专题教育整合教学计划表

专题教育的整合实施路径需要转化为具体可操作的主题单元教学设计,即在大致完成学科渗透和板块单列、线上和线下的规划以后,就可以把规划的结果进行汇总合成,制作一份抗疫主题单元教学计划表(如表2-5所示),简洁而直观地对抗疫主题单元教学作出整体性的安排。

以公共卫生安全专题教育为例,抗疫主题单元可以表格形式体现出专题教育整合实施的路径和结构分布状况。当然,制定的抗疫主题单元整合教学计划表可能是初步的,还可以根据具体情况及时进行调整和优化。

表 2-5 主题单元教学计划示例表

维度/主题	单元名称	年级/学期	场域/形式	课时/周次			
				学科渗透	综合实践	校本课程	班团队会
防疫知识	青春期卫生与防疫	5/上	线下/性别分组辅导				1/2
	XXX	5/上	线上线下/班级	3/15			
防疫项目	XXX	6/下	线下/社团			18/1—18	
防疫演练	XXX	3—6/上	线下/班级		4/16		
备注			合计				

作为公共卫生安全专题教育整合实施示例,抗疫主题整合教学单元计划表,在技术上从纵向和横向两个维度简要地标明了抗疫主题单元整合教学设计的基本思路,也让教学管理者、教师和学生,甚至家长对抗疫主题单元整合教学的计划安排能够一目了然。

从纵向维度来看,抗疫主题可以大致分成知识类主题、项目类主题和演练类主题。三类主题一旦确定,就可以为抗疫主题结构的论证、选择和设计提供基本依据与思路。比如,三类主题当中,我们是希望知识类的主题单元多一点,还是项目类的主题单元多一点,或者演练类的主题单元多一点,再或者哪一类主题更为合适,还是说三类主题单元分布更均衡一点比较好。诸如此类问题的思考、交流和讨论有了方向,就比较容易把事情想清楚、说明白、写准确、做实在。

同样,从横向维度来看,抗疫主题单元整合教学的安排,大致可以按单元名称、年级和学期、场域和形式、课时和周次,以及属于学科渗透、综合实践、校本课程,还是班团队会等要素来展开。只要按这些基本要件加以展开,抗疫主题整合教学到底需要、适合或者拥有哪些单元,具体在哪个年级或跨哪几个年级、在哪个学期开设,是线上、线下还是跨两个教学场域,是属于学科渗透整合,还是属于板块单列整合以及板块单列整合中的综合实践活动、校本课程或班团队会活动等这一类问题的思考、交流和讨论,也就有了明确的方向和思路,容易达成共识,并作出具体的安排。

如果抗疫主题单元整合教学的主题类别和结构要件这两个维度清楚了,抗疫主题单元整合教学计划的大致安排也就比较明确了。如表 2-5 中的"青春期卫生与防疫",就属于防疫知识类单元,是在 5 年级上学期开学第 2 周,利用班团队会 1 课时的时间,为即将或正在进入青春期的五年级学生,按性别分组集中进行一次青春期卫生与防疫知识专题辅导。课时和周次更多地是从课程管理口径考虑的,旨在强化各种专题教育的课时政策要求。

实际上,学校层面对学科渗透的综合主题单元、综合实践活动和校本课程的具体某门或某几门课程的开设,以及某次或某几次班团队会活动和社团活动等教学时间安排,是可以整合在一起的,既可以集中使用,也可以分散使用。但有一个原则必须非常明确,那就是学校要结合实际创造性地执行国家课程政策,也就是说,专题教育整合实施的教学总课时数,要控制在政策允许的范围内,保证课时的分配能够归入各个科目、综合实践活动、校本课程和班团队会活动等相应的课时中,不低于政策规定的下限,也不超过政策规定的上限。

(二) 乡村学校专题教育整合实施的教学功能定位

1. 教学功能定位的意义

因为专题教育整合实施主要还是学校和教师层面的工作,所以需要学校和教师根据教育教学的目的及条件,决定整合实施的教学功能定位。"最佳的设计由'形式追随功能'(form follows function)而定。换言之,我们使用的所有方法和教材,都是由对期望结果有清楚的概念所塑造。"[1]教师和学生只有明确了专题教育整合实施的教学功能,才能清楚教学努力的方向和目标要求,成为自觉的教学主体,才能为专题教育整合实施注入持续的内生动力。

教学功能与教学价值、教学目标密不可分。教学功能是教学主题和教学过程本身所具备的属性,不以人的意志为转移,而教学价值则取决于人们对于教学主题和教学过程的认识、选择与运用,教学目标是将教学价值在多大程度上能转化成教学结果的预期。事实上,专题教育的各类专题往往具有多方面的教学功能,只有当我们认识、选择和运用了其中的某种或某些教学功能时,才将某种或某些教学功能转换成教学价值,作为制定教学目标的基础,并相应地转化成教学目标。

通俗地说,功能只有被认识、发掘和运用才能称之为价值,价值被作为可以实现的结果的预期,就成了目标。没有功能,功能未能被识别或功能被弃之不用,就无价值可言,目标也就失去了基础。教学功能定位就是进行教学价值判断和选择的过程,是发掘教学价值的过程,是明确教学目标的基础。

所以,专题教育整合实施的教学功能定位,要从专题及其教学过程本身的属性中进行选择和运用,使之成为学校整体育人价值的有机组成部分,并转换成可以追求和实现的整合教学目标。

以公共卫生安全专题教育中的抗疫主题为例,新冠肺炎抗疫大事件的多重教育价值决定了抗疫主题单元整合教学的功能具有复合性,而且是相互联系的有机功能整体。对于抗疫主题整合教学进行功能定位,重点不是孰优孰劣的问题,而是要思考怎样的功能定位能够更好地与学校教育的目的、整合教学目标和教学条件相匹配的问题。也就是说,适合学校办学目的、教学目标和教学条件的抗疫主题整合实施的单元教学功能定位就是好的教学功能定位。

2. 不同视角的教学功能定位

从一般情况来看,专题教育整合实施中的教学功能定位,可以从教学主体、教学内容和教学方式等教学要素与关系的角度来进行考虑与谋划。

---

[1] [美] McTighe J., Wiggins G.重理解的课程设计:专业发展实用手册[M].赖丽珍,译.台北:心理出版社股份,2008:2.

首先,主体关系视角的教学功能定位。

从教学主体关系的角度看,有教师中心和学生中心两种教学价值取向。以公共卫生安全专题教育整合实施为例,其中的新冠肺炎抗疫主题单元的整合教学功能定位,如果是教师中心取向,那么就会更多地以教为主,更强调教师在新冠肺炎抗疫主题单元教学中的主导作用,特别是教师在新冠肺炎抗疫主题相关知识的准备方面,以及为学生引入、讲解与辅导新冠肺炎抗疫主题相关知识学习的资源、方法和能力方面,会重点关注如何充分发挥教师教学的积极性和主动性,以及是否按时完成教学任务,是否达到教学要求等方面。

如果是学生中心取向,那么,新冠肺炎抗疫主题单元整合教学就会更多地以学为主,更强调学生的学习主体作用,特别是学生对于新冠肺炎抗疫主题单元相关材料与信息的预习、调查、参访、搜集、练习、自查、交流、分享、小结和汇报展示等学习过程,会重点关注如何发挥学生的学习积极性和主动性,更好地激发和满足学生对于新冠肺炎抗疫主题单元学习的多种兴趣与需要。

其次,内容组织视角的教学功能定位。

从教学内容组织来看,教学价值取向存在学科取向与活动取向、知识取向与素养取向、综合取向与分析取向等几种不同情况。

显然,如果是学科取向的专题教育整合教学设计,就会更强调学科知识逻辑和学科思维的整合。

比如,同样是公共卫生安全专题教育中的新冠肺炎疫情防控主题,语文可能更侧重疫情防控中的大众语言、人物事迹和新闻报道等语文主题,像日本民间援助武汉抗疫物资时使用"山川异域,风月同天""岂曰无衣,与子同裳",中国民间援助日韩新冠肺炎抗疫时借用"江山一道同风景,明月何曾是两乡"等古典风格诗句,引发网友广泛的热议,就是语文学科可以派上很好用场的主题内容领域;数学则可能对新冠肺炎疫情防控中的检测与防治建模、大数据运用和统计分析等主题内容领域更有专长;科学等学科就可以侧重疫情防控中的生命科学、医学研究、诊疗工具与方法、病毒研究、健康码、信息科技等具体的科学研究与科技成果运用项目等主题内容领域;道德与法治则更适合探讨和学习新冠肺炎抗疫中的个人品德与公民素养、疫情通报与谣言处置、政府职责与依法抗疫等主题内容领域。

而如果是活动取向的单元设计,则会更强调学生基于兴趣和经验开展有关新冠肺炎防控的学习与探索活动。

比如,新冠肺炎抗疫中的居家隔离日记、网络交流、疫情信息、社区观察、社会参与、个人与国家,抗疫大主题下的项目学习、问题解决学习、服务学习和实践学习等各种跨学科主题活动,以及实验方案设计、模拟疾控中心、模拟传染病防治医院、模拟街道办、模拟记者采访和新闻发布会、模拟世界卫生大会等主题活动,都可以成为新冠肺炎抗疫主题单元学习的活动选项。

同样,诸如知识取向与素养取向、综合取向与分析取向,也都是新冠肺炎抗疫主题单元整合教学功能定位的重要思考向度。

此外,还有从学习方式特点划分的主动取向与被动取向、接受取向与发现取向等教学价值取向,也可以成为各类专题教育整合实施中主题单元教学功能定位的思考向度。

(三)乡村学校专题教育整合实施的教学问题链条

1. 主题规模与问题链条

要实现专题教育的教育功能和教学目标,学校和教师必须进行学什么和怎么学的问题设计,以便引导学生展开专题学习之旅。好的问题是引导教学走向深入的有效工具,是学生学习的重要脚手架。但要提出好的问题却是需要经过精心准备和设计的。这些问题可以由教师提出,也可以由学生提出。

就一般教学过程而言,首先得由教师提出问题,为学生示范提出好问题的思路,学生才能更好地学习、探索,将问题内化为自己的,并逐步学会自己提出好的问题。"毕竟,专家才知道什么样的问题最能够促发学习和思考开花结果。虽然学生可以(当然也需要被鼓励)提出和探究他们自己的问题,但最好的核心问题反映的是学科专家在训练有素的探究过程中会提出来的问题和洞见。"[①]

从教学内容和教学方式的角度来看,专题教育整合实施的教学问题链条主要围绕教什么或学什么、怎么教或怎么学两大问题域展开。围绕教什么或学什么建立起来的问题链条是教学内容问题链条,而围绕怎么教或怎么学而建立起来的问题链条是教学方式问题链条。

---

① [美] McTighe J.,Wiggins G.核心问题:开启学生理解之门[M].侯秋玲,吴敏而,译.台北:心理出版社,2016:32.

从教学内容来看，专题教育整合实施的主题单元教学问题链条的设计与专题教育的主题规模属性是密切相关的。不同的主题规模会对问题链条的设计方向、风格、思路和性质、特点产生重要影响。在此，不妨把比较宏观的主题称为大主题，中观一点的主题称为中主题，比较微观的主题称为小主题。无论是大主题、中主题，还是小主题，各有适用范围和优缺点，可以因校适宜，酌情加以选择。

以公共卫生安全专题教育整合实施为例，如新冠肺炎抗疫主题单元的主题选择，既可以直接采用新冠肺炎抗疫或新冠肺炎防控这样的大主题，也可以采用诸如新冠肺炎病毒的特点、传播媒介与感染途径、防控措施与社会动员等更加具体的小主题。

采用大主题的好处是，可以为教学内容问题链条的设计规定原则性的方向，便于学习和了解有关新冠肺炎抗疫主题单元总体性的知识梗概，教师对具体抗疫内容的解读空间和自主决策余地较大，教学可以有比较大的灵活性。但大主题的缺点也很明显，要么对教师把握宏大问题的能力要求较高，要么教学容易变得宽泛、笼统和随意，学习也容易大而化之。大主题的教学，适合大范围的比较集中的新冠肺炎抗疫专题讲座、报告、参观、浏览等形式，宜于开阔学生疫情防控方面的知识视野，使学生更多地了解一些概貌性的疫情防控问题。

采用小主题的优点是，切口小，内容聚焦，比较具体，更容易贴近学生特点和实际，便于小范围分组的防疫项目类主题和防疫演练类主题等实施操作，但也有失之狭窄、整体视野不够开阔等局限。新冠肺炎抗疫小主题的教学，适合项目式学习、问题探究学习、服务学习、实验实践学习等形式，宜于培养学生疫情防控方面的具身思维和动手能力，从而更为深入地接触、探究和内化一些疫情防控方面的操作性问题。

大主题与小主题是相对而言的，比较中间状态的主题选项就是中主题。如表2-5给出的示例，从新冠肺炎抗疫主题到抗疫知识、抗疫项目、抗疫演练，再到青春期卫生与防疫，就是从大主题到中主题再到小主题的主题分布结构。而且，大主题、中主题、小主题的规模属性在一定程度上也是可以变化的，即所谓"小题大做"和"大题小做"，关键还是看专题教育整合实施的教学功能定位与教学设计本身的需要和选择。

在学校层面,可以集思广益,凝练出一个或几个大的抗疫主题,然后在学科教学、综合实践活动、校本课程、班团队会活动等班级课程实施层面,分解和细化为若干中主题、小主题,这样就可以形成一个学校各个年级相互配合、各有侧重的主题整合,做到既有整体的结构,又有分项的落实。

比如,如果在学校层面选择学校防疫手册与演练主题,那么,在年级或班级学科教学、综合实践活动、社团活动、校本课程实施层面,就可以分解成观看视频、配戴口罩、做清洗、测体温、进行筛查、分垃圾、疫情报告与处置等新冠肺炎防疫知识学习和演练的更为细小的主题,从而形成学校抗疫教学大单元的整体结构和主题组合安排。

2. 基于教学内容的问题链条

无论确定怎样的主题规模,专题教育整合实施的主题单元问题链条设计,都要围绕教什么或学什么的教学内容来谋划。教学内容问题是教学本质意义上的关键问题,学生通常都不太可能直接掌握学什么的内容,而是需要在一系列内容问题链条的牵引下才能逐步把学什么的内容落到实处。教学设计的成功与否,在很大程度上取决于问题链条的设计是否合理,而这是一个极大的挑战。

诚如有研究者指出,"就特定学科内容或某个特定概念而言,我们容易去问一些零碎而无关紧要的问题,或者引导孩子去问一些零碎而无关紧要的问题,也容易去问一些困难到根本无法回答的问题。这个诀窍就是要找到那些介于中间的问题,既可以作答,又能带你达成某种目的。这正是教师和教材所要做的工作"。[①] 但同时,我们也要了解,"没有哪一个问题是重要不可或缺或琐碎不重要的,它是不是核心问题,必须视其目的、对象情境和影响力而定"。[②]

那么,在设计抗疫主题单元教学问题链条时,教师在明确了目的、对象情境和影响力之后,如何才能设法找到那些既可作答又可达目的的中间问题,而不是提出零碎而无关紧要的问题呢?

---

① [美] Bruner J. The Process of Education[M]. Cambridge:Harvard University Press, 1977:40.
② [美] McTighe J., Wiggins G.核心问题:开启学生理解之门[M].侯秋玲,吴敏而,译.台北:心理出版社股份有限公司,2016:9.

这里有一个精准认知模型，可以提供某种参考。它是通过叠加布鲁姆的教育目标分类学框架和韦伯知识深度模型而形成的一种更为优化的教育经验。"布鲁姆的教育目标分类学将学生回答问题时使用的知识类型和呈现的认知过程类别进行了分类。韦伯的知识深度模型标明了学生在特定情境下回答问题时需要表达的知识深度。通过准确校准整合上述两个框架，将精准认知作为高质量的教学工具，会确保教师为学生在课堂内外的成功做好准备。"[①]

表2-6　基于教学内容的问题链条示例表

维度		问 题 链 条			
主题	水平	是什么	如何使用	为何能用	还能用来做什么
例如：青春期卫生与防疫	拓展性思维				√
	策略性思维与推理			√	
	技能和概念应用		√		
	回忆和再现	√			

如表2-6所示，同一个抗疫主题内容，或者不同的抗疫主题内容，所设计的问题链条结构可能包含部分或全部的水平和问题链条。在公共卫生安全专题教育整合实施中，像青春期卫生与防疫这一主题，只要求回忆和再现水平是什么的内容深度，那么问题链条就是"是什么问题链条"，包括："是谁？""是什么？""是哪里？""是什么时候？""是怎么样的？""是为什么？"由这类问题构筑的青春期卫生与防疫知识内容问题链条，都是引导学生了解和熟悉青春期卫生与防疫知识的中间问题。"当我们提及知识的深度时，我们所要确定的不仅仅是学生获得了多少知识，更重要的是学生对自己所学的概念和内容是如何广泛理解的。"[②]

当然，还可以有更多水平维度和问题维度的要求，形成更多基于教学内容的问题链条。

- 技能和概念应用水平，相应的就是"如何使用问题链条"，包括诸如以下这类问题："如何发生？""如何运行？""如何使用？""结果如何？""成效如何？"

---

① [美] Francis E M.好老师，会提问：如何通过课堂提问提升学生精准认知[M].张昱瑾，等，译.上海：华东师范大学出版社，2018：11.
② [美] Francis E M.好老师，会提问：如何通过课堂提问提升学生精准认知[M].张昱瑾，等，译.上海：华东师范大学出版社，2018：16.

"你有何想法和打算?"

- 策略性思维和推理水平,相应的就是"为何能用问题链条",包括诸如以下这类问题:"为何能运行?""为何是这个答案?""为何是这样结果?""为何是这个效果?""可以推断出什么?""有什么启示?""有何动机和影响?""有何特点和标志?""有何原因?""有何关系?""如何做出一个模式?"
- 拓展性思维水平,相应的就是"还能用来做什么问题链条",包括诸如以下这类问题:"效果如何?""有何影响?""如果……会怎样?""可能发生什么?""将会是什么?""还能如何?""你相信、感到、想到什么?""你能建立、创造、设计、开发、生产什么?""你能制定什么计划?""你创作什么作品?""你还能提出什么问题?"

这些水平要求和问题链条的设计,都可以为新冠抗疫主题单元整合教学计划提供参考性的中间问题,引导和帮助学生更好地获得公共卫生安全专题教育领域中新冠肺炎抗疫主题单元的学习内容。

3. 基于教学方式的问题链条

基于教学内容的主题单元问题链条设计,可以更好地帮助学生把学什么的问题落地。但还有一个同样重要甚至更为重要的问题也要落地,那就是怎么学的问题。尤其是像新冠肺炎抗疫这样鲜活的主题教育,不应该落入讲、练、考的传统教学套路,而应该让怎么学的问题更加体现出新时代的教学改革气息。

如果把记中学、做中学和悟学看作基本的学习方式,那么学生就会相应地学出事实性知识、方法性知识和价值性知识,基于学习方式的问题链条设计就可以用三种学习方式与三类知识问题链条之间的二维表格进行简要的说明(如表2-7所示)。

表2-7 基于教学方式的问题链条示例表

维度		问 题 链 条		
主 题	学 习 方 式	怎样化信息为知识	怎样化知识为方法	怎样化方法为德性
例如:流感疫情防控演练	悟中学	探究学习			√
	做中学			√	
	记中学	接受学习	√		

值得注意的是,"三类知识和三种学习方式之间相互转化的教学规律和原理,对于教学环节设计的启示是,教学的本质和重点是促进学生通过恰当的学习方式实现知识性质与类别的双重转化,即由客观知识向主观知识转化,由静止的知识向动态的知识转化,由外在的知识向内在的知识转化,经过一系列的同化、重构、叠加和耦合等复杂心理过程,再由内而外地表达和表现表现出来,调配和运用于各种现实需要和问题情境之中,变成活学活用的知识形态,看得见,摸得着,用得上"。①

但实际上,"在课堂教学中,学生的学习方式主要是由教师的教学方式决定的。讲授法的固有特点导致学生的记中学代替做中学和悟中学,成为唯一的学习方式,并且把方法性知识和价值性知识都蜕变为事实性知识。这正是教学效率低下、课业负担沉重的瓶颈问题在教学方式上的主要根源"。② 换句话说,教师要通过基于教学方式的抗疫主题单元的问题链条设计,引导和促进学生学习方式的变革。

基于记中学、做中学和悟中学三种学习方式的专题教育主题单元整合教学问题,主要是引导和促进学生完成知识转化的问题,即怎样化信息为知识、化知识为方法、化方法为德性三大问题链条。对于不同的教师而言,可以根据不同的教学目标和学情基础以及教师偏好等设计出不同的怎么学的问题链条。但是不管怎么学,都要学到真本领,尤其是越来越能够通过自主学习学到真本领,这才是王道。

当然,在讨论怎么学的问题时需要强调,自主学习并不是一个自足的命题。对于大多数学生来讲,自主学习并不会自动地发生,而是需要教师创设情境和条件激发自主学习、维持自主学习和促进自主学习。也就是说,自主学习并不是不要教师教的学习,而是需要更善于激发、维持和促进自主学习的教师教。"教师最棘手的任务是要成为学习的启动者。教师要通过自己提出的问题、作出的反应或者提议的活动,引起学生的好奇和惊讶。"③

比如,关于怎样化信息为知识的问题链条,可以选择直接告诉,通过讲什么

---

① 吴刚平.课堂教学要超越讲授教学的认识局限[J].上海课程教学研究,2017(12):3—8.
② 吴刚平.知识分类视野下的记中学、做中学与悟中学[J].全球教育展望,2013(6):10—17.
③ [法]焦尔当.学习的本质[M].杭零,译.上海:华东师范大学出版社,2015:153.

和怎么讲的问题,让学生知道哪些信息是重要的,它对于学科、专题或学习有怎样的意义,如何准确表述它的定义等,学生听教师讲、自己跟着教师弄清楚记什么和怎么记,由此构成一个以机械记忆为主的学习过程。也可以选择提示学生如何判断哪些信息重要以及如何把信息结构化的视角和思路,具体的结构化过程由学生独立或学生合作完成,由此构成理解性记忆为主的学习过程。

关于怎样化知识为方法的问题链条,可以选择脚手架式的问题引导和促进学生做中学,学会像专家一样思考,诸如阅读什么和怎么阅读,观察什么和怎么观察,思考什么和怎么思考,交流讨论什么和怎么交流讨论,分析和综合什么以及怎么分析和综合,归纳、总结和提炼什么,以及怎么归纳、总结和提炼,概括什么和怎么概括,解释什么和怎么解释,怎么推理拓展和运用,这一类的部分问题或全部问题,都是怎样化知识为方法问题链条的选项。

关于怎样化方法为德性的问题链条,主要是引导和促进学生悟中学,形成反思性学习和明辨性思维的能力,建立起个人价值与社会价值统一的世界观、人生观和价值观,诸如体验到什么和怎么体验,反思什么和怎么反思,取舍什么和怎么取舍,批判什么和怎么批判,改进什么和怎么改进,遵循什么和怎么遵循,创造什么和怎么创造,这一类的部分或全部问题,也是可以借鉴和参考怎么化方法为德性问题链条的选项。

当然,需要注意的是,抗疫主题的内容和形式只是划分问题链条的角度,这种划分是相对而言的,不是唯一的角度,还可以有很多角度,可以根据需要和条件,让内容问题链条和形式问题链条交替及混合出现,有所侧重和选择地加以运用。

4. 绘制问题导向教学路线图

在设计专题教育整合实施的主题单元问题链条基础上,结合学生心理逻辑和问题解决逻辑,可以尝试分别绘制问题链条导向的专题教育整合实施教学主干路线图和分支路线图,进而形成用以指导专题教育整合实施的教学网状路线图。

主干路线图可以是以教学任务或教学环节连接而成的教学活动线索图,分支路线图是某个教学任务项或环节项具体展开的教学活动线索图,将主干路线图和分支路线图叠加合成,就可以形成一个完整的网状实施路线图。在教学任务或环节之间,有的是先后衔接顺序关系,也有的是共时态同步并举关系。

比如,如果我们选择学校流感疫情防控演练主题单元,那么,主干路线图大体上就包括"明确要求—制定脚本—角色扮演—互动点评—教学小结"。这一主线上的教学任务项或环节项进一步以问题链条为导向进行具体化,就形成各个环节的分支路线图,进而形成主干和分支相互配合的网状路线图。每个教学任务或环节,到底是教师为主,教师讲学生听,还是学生为主,做中学悟中学,或是师生互动,既有教师讲也有学生学,这很大程度上取决于教师所确定的单元功能定位,以及教师自身的教学偏好。

教师的教学活动应该围绕学校流感疫情防控演练主题展开,明确教学内容和教学方式的问题链条导向,包括设置学校流感疫情情境有哪些,明确演练要求是什么,准备学校流感防控主题材料和工具包括哪些,设计演练任务和评价标准是什么,提供或指导形成演练脚本是怎样的,提供怎样的行为指令和内容指令,进行哪些演练环节的过程监控、安全保障和支持辅导等。学生同样应该围绕学校流感疫情演练主题,开展个体、小组和全班问题链条导向的探究学习活动,包括描述流感症状或感受有哪些,查阅哪些流感疫情感染和传播资料,掌握哪些演练流程和要求,明确怎样进行任务分工、角色扮演,如何展开观察记录、交流问题与思考,小结学校流感疫情防控知识与注意事项,如何进行汇报展示演练成果等。

绘制专题教育整合实施主题单元教学路线图,既要体现教学过程要素的谋划,也要体现学习水平要素的谋划,以便确定每个教学环节上的繁简、难易、深浅、远近、多少、质量、大小等某个和某几个角度上的学习水平要求。

(四)乡村学校专题教育整合实施的主题单元教学设计

1. 主题单元教学设计检核表

大多数人能够看到的专题教育整合实施主题单元教学设计,往往只是最后的物化成果,即单元教学方案或单元课程纲要。

但其实,专题教育整合实施的主题单元教学设计更多地是一个教学创意不断形成、修订、完善和物化的设计决策过程。其中的大量工作,非亲身参与者是根本看不到的,包括专题教育整合实施的主题单元教学的整体计划、功能定位、问题链条、教学路线图等设计工作,都是不为外人所知的,但它们却是更为基础、更为重要,也是更需要经验和智慧投入的教学设计决策过程。

而且,这个设计决策过程往往还需要借助于教学设计检核表技术,才能不断优化和完善教学设计,直至形成正式的单元教案或纲要文本,为专题教育整合实施的主题单元教学提供专业技术支撑。

所以,在讨论专题教育整合实施的主题单元教学设计方案时,应该把教学设计检核表与教案或课程纲要联系在一起加以考虑。

从课程与教学的专业要件来看,专题教育整合实施的主题单元教学设计,基本的物化成果应该是按目标、内容、实施和评价等课程与教学要件加以规范表述的单元教案或单元课程纲要。在一定意义上讲,主题单元教学设计检核表就是一种调适和优化单元教案或课程纲要的过程性评价工具与技术手段。主题单元教学设计检核表内的项目需要与教案要件(包括教学目标、教学内容、教学环节与过程、教学评价等基本要件)进行对接,按照合目的、合需要、合条件以及内在一致性进行判断和取舍,为教案或课程纲要提供直接的内容基础。

表 2-8 主题单元教学设计检核示例表

合理性	主题单元			
	教学目标	教学内容	教学环节与过程	教学评价
合目的				
合需要				
合条件				
内在一致性				
备注				

当然,教学设计检核表只是一个技术手段,真正值得重视的是检核表得以制定的指导思想和那些过程性的设计决策工作。判断主题单元教学设计的教案或课程纲要文本好不好,主要依据三个方面的标准:

- 一是与教学目标有关,即文本是否准确地体现出通过专题教育整合实施的主题单元教学,我们想要什么;
- 二是与学生兴趣和需要以及社会要求等特点有关,即文本是否准确体现专题教育整合实施的主题教学适合做什么;

- 三是与学校教学条件有关,即文本是否准确体现学校和教师在专题教育整合实施的主题教学方面能做什么。

正是这三者共同决定了专题教育整合实施的单元教学设计的基本走向和文本内容。

2. 主题单元教学方案

无论是论证和取舍过程中的教案或课程纲要,还是定稿可以实施的教案或课程纲要文本,它们都是教学设计的物化成果,是对整个设计过程加以总结而形成的指导教学实践的蓝图。撰写和创造性执行教案或课程纲要,需要在教学的背景、目标、内容、过程与评价等基本要件上作出清晰的思考和表述,并以简要的形式呈现出来(如表2-9所示)。

表2-9 主题单元教学简案示例表

主题名称:		年级/班级/课时:
背景分析		
教学目标		
教学内容		
教学过程		
教学评价		
备 注		

专题教育整合实施的主题单元教学设计过程,可能需要经历多次反复,需要一次又一次地打磨、修改和完善,这个过程意义可能非常丰富,其中的影响因素甚至还很复杂。但是,最终凝结和呈现出来的教案或课程纲要文本却不能太复杂,必须是粗线条的,要以简案为宜。简单、明了、好操作,大道至简,这才是真正有利于实际教学的教案或课程纲要文本撰写与呈现的基本原则。这也就是为什么,许多教师在看到别人写的好的教案文本时,似乎觉得写好教案很简单,而真正要自己动手写出一份好的教案文本时,却发现非常艰难的重要原因所在。

中小学专题教育整合实施的单元教学设计,所涉及的背景分析、教学目标表述、教学内容选择、教学过程展开和教学评价任务等要件,具体的设计决策过程和表述技术,与一般的教学设计并没有什么本质性的区别,只是需要更加贴合专题教育整合实施的教学实际需要和特点罢了。

思考与讨论

(1) 有人认为,乡村学校教师的主要职责是上好课。那么,在乡村学校,教师到底需不需要做课程规划呢?

(2) 在我们学校,哪些活动可以称得上是课程,哪些活动基本上不能叫作课程?

(3) 我们学校的校本课程特色化开设,哪些方面需要加以特别的考虑?

专题三

乡村学校课程方案例释

引 言

学校课程规划的主要成果和标志是学校课程方案。乡村学校课程方案,特别是校本课程方案,既有学校层面的课程方案,也有教师层面的课程方案,为了把两者区别开来,通常把教师层面开设的具体某门课的课程方案称作课程纲要。对于学校校长和教师等一线教育工作者来说,除了需要了解一些课程规划方案的形式要件和内涵要求外,还特别需要钻研可以借鉴和引发思考的课程方案及课程纲要的实用案例,参与校本课程规划的课例研究。

专题重点

- 锡山高中学校课程方案例释
- 北秀小学学校课程方案例释
- "环保酵素"课程纲要例释
- "创意绘本"课程纲要例释
- "沛县封侯虎"课程纲要例释

一、锡山高中学校课程方案例释

锡山高中是最早开展国家课程校本化实施和校本课程开设的实践探索与课题研究的乡村中学之一,他们的学校课程方案是学校层面课程方案的标杆性文本,尤其对于有着高考和中考压力的高中、初中学校来说,具有重要的借鉴和启示意义。

(一)背景分析

学校层面校本课程的背景分析,主要是说明学校层面校本课程开设的理由或重要的关联信息,便于学校师生和读者更好地理解学校开设校本课程的意义与价值,特别是学校开设校本课程的特点和特色。锡山高级中学校本课程方案的背景分析,明确了学校自身的办学基础和特点,特别明确了学校发展和校本课程开设的关系。

1. "田园学府"的办学传统

锡山高中创办于1907年,是一所有近百年历史的普通农村中学,地处距离无锡市区西南方向23公里的杨市镇,素有"田园学府"的美誉。它在20世纪60年代一直是江苏省的重点中学,1963年被列入江苏省15所示范中学。

1977年恢复高考招生制度以来,学校经过十多年的努力,分阶段和有侧重地实施了三大发展战略:一是探索主动适应农村地区社会经济发展的办学机制,二是狠抓师资队伍的现代化建设,三是牢固树立现代教育的办学理念,从而促进了学校办学水平的不断提高。

1992年,恢复江苏省重点中学,确定为省模范中学。

2. 学校面临的主要问题与发展思考

面对一所青年教师比例高达78.3%的老校,面对不断发展的新形势,学校需要思考和解决新的重大问题:如何进一步深化改革,大面积提高教育教学质量,办出特色,提高办学水平,推动学校的持续健康发展?

我们认为,面对时代的发展和未来的挑战,学校要实施素质教育,真正做到对国家和民族负责,对学生终身负责,对家长、社会负责,就必须抓好学校实施的课程的整体优化,特别是应注意在科学实施国家课程的前提下,努力建设好具有地方特点和学校特色的校本课程。校本课程开发,可以满足不同地区社会、经济发展对于教育多层次、多元化的要求,广泛地满足学生的兴趣与需求,促进学生有个性地全面发展。同时,校本课程开发也是教师自身专业发展的一条重要途径。

3. 校本课程的依据和基础

高中校本课程的主要依据是国家和省级指导性文件,以及学校课程建设的现实基础。其中,教育部颁布的普通高中课程计划或课程方案是学校开设校本课程的主要政策依据。

学校将政策依据具体转化为各种措施和建议等,形成了学校课程建设的现实基础。在校本课程开发方面,学校重视对校本课程的需求性、科学性和价值性的评估研究,建立课程决策程序与内部监管机制,加强对学校领导、教师课程意识与理论的培训,进行课程开发技术的具体指导和研讨,切实加强课程资源建设。

4. 学生实际发展需求

校本课程的设置必须考虑学生的实际发展需求,考虑学生的兴趣和爱好,这是校本课程开发的重要依据。为此,学校在全校学生中进行了问卷调查和抽样访谈。

结果发现,学校多年来一直认为很重要并且开设的一些选修课却被学生否定了,像"自行车修理""就业指导"等都被学生毫不客气地宣布为"没用"和"不受欢迎",在调查和访谈之前,学校曾认为计算机、外语之类的热门课程会成为学生的首选,可事实却让人大跌眼镜:学生不喜欢!他们最需要的是会交往、能承受挫折、会学习。

学校的领导和教师对这一结果有一个说法:意料之外,情理之中。说意料之外,是因为它让领导和教师感到,尽管他们天天和学生打交道,但未必真的了解和理解学生;说情理之中,是因为一旦他们深入学生当中,倾听学生的心声,就会强烈地感受到长期以来的课程统一性和规定性太强、太漠视学生的性情和需求,就会设身处地地为学生着想,就会发现学生的需求与现代社会的发展和现代教育的走势是完全吻合的。

学生的这些实际发展需求是具体的,具有明显的地域和学校特点,依靠国家课程是很难予以满足的,但这些需求对于学生的健康成长和健全发展又非常重要,它是学生成长和发展过程中所面临的问题与困惑、需要与期待,学校教育应该予以切实的关怀和帮助。

事实上,无论从调查和访谈的结果,还是从后来学生实际选课的情况来看,锡山高中学生在实际发展需求方面具有相当大的一致性,主要集中在这样三大方面,按需求程度排列如下:

- 与人交往和相处的能力;
- 承受挫折的心理素质;
- 学习方法的指导。

至于其他方面的需求,则比较分散,供求矛盾不是很突出。

这些年来调查显示,98%以上的同学是按照需求去选择校本课程的,学生对校本课程表现出极大的兴趣,满意度将近100%,这说明校本课程基本上满足了学生的需求。学生还认为,校本课程与国家课程最大的区别是可以根据志向任意选择,从而获得能力的提高与个性的发展,对学习和生活产生了深远的影响。众多学生的个性,因为有了校本课程这个培养基和生长点而得到了更为充分的发展。

校本课程的实施与学校的高考升学率并不矛盾,从这些年实施校本课程的经验来看,由于学生的实际发展需求得到了更好的满足,他们成长过程中的问题和困惑得到了及时的消除和解决,所以他们的精神面貌有了很大的改观,他们的学习生活更加充满生机和活力,学校高考的成绩不仅未受影响,而且不断提高。其中,很重要的原因是,学生的综合素质提高了,对高考就可以以不变应万变了。

(二)校本课程目标确定

锡山高中对自己的培养目标一直有一种形象化的表述,那就是"做站直了的现代中国人"。这样的表述,多少反映了校领导的办学思想,当然也难免有流于喊口号和贴标签的嫌疑。

那么,如何才能将这样的培养目标具体转化为广大教师和学生广泛认同的个性特征,并进而体现在校本课程的开设之中呢?

为了解决这一个难题,校本课程开发课题组写出了近50个词语,让全校师生来作出判断和选择,如自尊、有责任心、爱国、现代技能等。面对这些熟悉的词汇,教师和学生开始对理想中的锡山高中的学生品格形象进行选择和刻画。

经过电脑统计处理后,6个认可度最高的词汇脱颖而出:自信、创新、民族性、现代化、健康、坚毅。

锡山高中的领导、教师和学生第一次作为共同的课程决策者决定了学校培养目标的具体内涵及标志性词语,并为校本课程的总体目标奠定了应有的基础和方向。

根据学生的实际发展需求以及学校的办学思想和实际条件,锡山高中校本课程的总体目标,经过讨论而逐渐明晰起来,最后被确定为:

- 学会交往,在合作中学习;
- 学会自信,养成自我认同和坚毅的品质;
- 学会探究,至少学习一门综合或探索性课程;
- 掌握一项健身技能和一项闲暇技能;
- 具有现代中国人的意识。

实际上,锡山高中校本课程的总体目标与学校的培养目标是相互补充和渗透的,而且在实践过程中被不断地调整和丰富。

（三）课程资源开发

校本课程的开设，还必须考虑到学校和社区的课程资源，这是校本课程开发的重要保障条件，所以我们要采取措施开发与利用蕴藏在教师、学生和社区中的课程资源。

锡山高中地处郊区农村，90％的教师来自农村，98％的学生是农家子女。根据这些特点，学校一方面非常注重开发当地的社区资源，比如有教师根据学校地处水乡的特点，开设垂钓技巧与实践等。

同时，学校也非常重视基于学校自身的课程资源的利用，特别是图书馆的建设与利用，计算机中心、科技馆、艺术馆、体育馆的建设与利用，专用教室等场馆的合理调配等。

由于学校地处农村，所以十分注重将教师的爱好和特长转化为课程资源，此外还鼓励每一位教师，特别是学科带头人和教学新秀充分发挥自己的聪明才智，人尽其才，利用自己的特长和爱好，开发第二课程等。

例如，有许多教师开设的校本课程是与自身学科背景有关的，这是他们的专业特长。化学老师深有感触地说："化学实验偏少，学生动手能力差，历来是化学课的薄弱环节。我们多年来渴望改变这种状况，而校本课程正好提供了机会。化学实验的改进与创新，把学生引入了一个变化无穷、美妙无比的世界中，学生在完成有创意的实验中，形成科学思维方法和创新精神。"物理教研组长也有同样的感受："多年来，物理教学存在着生吞活剥、死记硬背的现象，有些学生对物理课望而生畏，深层问题是未掌握方法，如何通过物理学法指导，教给学生科学的思维方法，校本课程有效地解决了这个问题。"

也有不少教师开设的课程更多地是与自己的业余爱好相关的。像棋类课，本来是体育老师开的，现在有地理老师认为自己开围棋更合适，便要和体育老师打擂台：只要能赢我，我就让他上。言下之意，体育老师如果输了，就得让贤。许多这样打破原来的学科背景、发挥自己各类特长的教师，在校本课程建设中如鱼得水。

甚至一些校内职工和校外人士的专业特长也在校本课程开发中，以技师和教辅人员的身份，发挥着课程资源的作用。

例如，有两位园艺工人为学生开设的"园艺"和"插花艺术"，以及一位特二级厨师开设的"冷拼"和"菜点制作"等,都受到了学生的欢迎。

"国防科技"的课堂内,聘请将军担任教师,从科索沃的战云到远望号的风采,从电子战到纳米技术的运用等,学生看到了现代国防的一方新天地。有趣的是,这门课程开设后报考军事院校的学生比例是开设此类校本课程前的三四倍,这也许是校本课程的另一种重要效果:它开阔了学生的视野,加深了学生对于自己未来的理解。

"创业与成才"课堂中,则邀请了著名的校友、企业家担任主讲,给学生讲人生规划和创业经历,留给学生深深的思考和启迪。

(四)学校课程结构

根据教育部和省教育厅颁布的普通高中课程计划的规定与要求,结合学校的实际情况,学校拟定了高中阶段三年的课程计划,从中可以看出校本课程的结构及其与国家课程的整体关系。

其中,需要说明的是:

- 每周按5天安排教学,每周40课时,每课时40分钟。
- 专题研究强调学习方式的改变,所给课时主要用于课题组织与研究报告发布,其余活动主要由学生在课余时间完成。
- 劳动技术采用分散和渗透的方式进行,主要体现在校本课程中。
- 高中毕业生修习校本课程不少于35学分,其中限选课为10学分,任选课25学分。任选课学分包括人文素养类7学分,科学素养类9学分,身心健康类6学分,生活职业技能类3学分。学分的赋值,原则上按每学期16课时为1学分。

锡山高中的课程结构如下表所示:

表3-1 锡山高级中学课程计划示例表

课程/科目			高一	高二	高三
国家课程	必修课	政 治	2	2	2
		语 文	4	4	5
		数 学	5	5	5
		外 语	5	4	5

续　表

		课程/科目	高一	高二	高三
国家课程	必修课	物　理	3	3	
		化　学	3	3	
		生　物		3	
		历　史	2	2	
		地　理	2	1	
		体　育	2	2	2
		艺　术	1	1	1
		计算机	2	2	2
		班团队活动	1	1	1
		专题研究	每学年安排2周		
		每周必修总课时	32	33	23
校本课程	限选课	阅读技能	1	1	
		英语会话	1	1	
		心理辅导	0.5	任选课	任选课
		学习方法指导	0.5		
	任选课	人文素养类 科学素养类 身心健康类 生活职业技能类	任选课		
		周课时总量	40	40	40

（五）校本课程的申报

让教师自主申报课程,是调动教师积极参与课程开发,丰富课程内容,从而以多样化的课程来满足学生多样性需求的基本保证,也是关系到校本课程能否顺利开设的前提。

由于校本课程的课时相对较少,加上师资、场地等资源的限制,锡山高中的任选类校本课程,只能采用同一年级安排在同一课位的办法。这就要求有足够多的课程数量,才能满足将年级全体学生分流编组的需求,同时也要求课程要有足够的质量,才能满足学生的实际发展需求。

为此,学校对教师进行了初步的培训,发放了"校本课程开发指南"和"校本课程示例",供教师参考,并注意用案例"说话",让教师在开设课程的过程中锻炼和提高课程意识与课程能力,同时向教师征集新的课程开发案例。

教师申报校本课程,需要遵循一般的工作流程。

1. 填报"校本课程申报表"(以下简称"申报表")

"申报表"式样如下:

表3-2 校本课程申报表

教 师		专 业			职 称		
毕业学校					教 龄		
特 长							
课程类别	课名	学分	总课时	拟开设时间			开课地点
				高一上 高一下 高二上 高二下 高三上			
课程说明							

"申报表"中,除一般项目外,特别需要说明的是:

- 教师可以突破年级与课类界限,申报两门课程。例如,可以申报一门人文素养类课程,还可以申报一门生活职业技能类课程。
- 学分与总课时相关,比例为1∶16,即每学期16课时为1学分。教师可以自主提出课时数及开设的时间,并附上相应的说明。
- 填写"申报表"的重点是"课程说明",若同时申报两门课程,应分别撰写。要求实事求是、简明扼要地介绍课程的内容、形式及开课教师等基本情况,回答课程对什么人开设、要学习什么内容、如何学习及谁来开设等问题,字数以200—300为宜。

2. 撰写一份简要的"课程纲要"

基本格式:包括一般项目、具体内容和现有条件等。

一般项目:包括主讲教师、教学材料、课程类型、授课时间、授课对象等。

具体内容:包括课程目标、学习专题、内容要点、活动安排、实施及评价建议和要求等。

现有条件:包括教学材料、教师的基础和优势、主要困难和所需帮助等。

为了帮助学校和学生更好地了解教师所要开设的校本课程,教师最好能够撰写一份针对学生的课程说明。课程说明要尽量突出课程内容与活动安排的意义和特点,增强课程的吸引力。

例如,"时事沙龙"课程说明:家事国事天下事,事事关心,这是任何时代的青年都需要具有的一种良好品质。当今世界形势错综复杂,我们的祖国日新月异,我们身边不断有新闻事件发生,我们青年学生都有探究其背景原因、结果的冲动,那我们就共同来到时事沙龙,一起讨论、分析和评述。

"军事史话"课程说明:在人类历史发展的长河中,战争始终是一个影响极为深远的因素。本课程就兵器、兵家、兵事三大要素对中国战争史的发展展开描述,具体涉及生产力的发展对武器的变革产生的影响,并由此导致作战方式、作战理念的变化;介绍一些著名的军事家以及他们卓越的军事思想、作战理论在战争进程和国防建设中所起到的重大作用;对一些有代表性、影响力的重大战争进行全景式的再现,并阐释战争的结果在政治、经济、文化、国际关系等各方面所带来的重大影响,以提高正确运用辩证的历史唯物主义评价、分析战争的能力,增强国防意识。同时,针对高二学生的特点和需要,本课程将重点涉及中国近现代史。

"垂钓技巧与实践"课程说明:自古以来,垂钓就是一项十分有益于身心健康,深受人们喜爱的体育、娱乐活动,主要以健康、消遣、休闲、娱乐为目的。为了推动垂钓活动的普及和促进垂钓水平的提高,我们特开设这门课。届时我们将聘请江苏省垂钓特级能手,江苏省垂钓培训主教练来主讲流行的新技术,学校聘请锡山市钓鱼比赛获奖老师进行现场指导。本课程是以理论技术讲解和野外实战相结合的方法开展,实战训练的时间安排在星期日下午(月末大礼拜回家不安排)。记得奥林匹克名言:重要的不是胜利,而是参与!来吧,同学们,加入到我们的行列中,保证你可以享受一生!

(六)校本课程审议

教师在规定的时间内,向学校课委会递交"申报表"及简要的"课程纲要"。课委会对此进行审议,通过后方可进入下一程序。

课委会由校领导、教师代表和学生代表组成,师生比为2:1。课委会在充分审议的基础上,由委员按"校本课程评审表"中所列内容独立打分,获半数以上委员通过方可发布。

课委会对校本课程评议的主要依据是校本课程总体目标与校本课程开发能力,具体操作时要求:

- 在课程目标方面,一方面要与学校校本课程的总体目标的要求相吻合,另一方面目标应比较具体和清晰。
- 在开发能力方面,重视对教师自身条件与课程所要求的知识、技能条件的考察,特别是要考察"课程纲要"的科学性和可行性。
- 在教学条件方面,主要看学校现有条件能否满足开课的需要,原则上一门课的开设不能以全面增添设施和条件为前提。

以"垂钓技巧与实践"课为例,刚开始看到"课程说明"时,课委会的委员都觉得在重点中学开设钓鱼课不大合适,钓鱼课能学什么?

可是,教师的陈述和答辩又颇有道理。钓鱼里面不仅有知识,还能陶冶性情,有教育意义:(1)目标指向闲暇技能,垂钓是现代人的高雅休闲方式;(2)具有学校特色,只有江南农村中学才能开设;(3)课程资源丰富,江南水乡,河湖密布;(4)申报者虽是生物学科的专业教师,但是订阅了十年的《钓鱼》杂志,并具有十余年的垂钓实践,有开发课程必备的知识与技能。

委员独立打分,投票,2/3以上的赞同,通过。至此,并不表明这一门课程就一定能开设了,这仅仅只是对课程设置的资格认定,能否开课,要到学生那里接受课程市场的严格考验。

校本课程评审表式样如下:

表3-3 校本课程评审表

项目 \ 等第		评估指标体系			得 分
课程类别			课 名		
开设对象			申报人		
	A(1)	B(0.8)	C(0.6)	D(0.4)	
课程目标(30%)					
开发能力(30%)					
教学条件(20%)					
学生需求(20%)					
评审结论					
备 注					

（七）选课与指导

校本课程审议通过后，进入学期校本课程目录，同时学校还应编制相应的"选课指导书"，向学生发布，并切实指导选修课程。

对起始年级的学生，由课委会协同教务部门、班主任，采用多种形式，指导学生填报选课志愿。对于大多数课程来说，选课人数低于 20 人的，原则上不能开班。选课人数如果超过教学班容量，要合理调剂志愿，将学生分流到第二、三志愿中。或者，也可以调配师资力量，实行主讲教师负责的分班教学方式。

在课程确定、学生分流、师资调配、时间安排、空间配置等完成后，学校形成一份完整的学期"校本课程方案"，反映课程目标、总体框架、管理办法、评价原则及安排总表等内容，并报送上级教育主管部门。

选课指导主要包括编制"选课指导书"和指导学生填写选课志愿。

"选课指导书"是用于指导学生选择校本课程的文件，行文要浅显易懂、简洁明了，主要内容包括选课方法、课程目录、课程说明几部分。

指导学生填报选课志愿，应注意：

第一，理解指导书的内容，特别是要注意已经修满该课程总课时并取得全部学分的课不要再选，长周期、跨学期连续进度的课必选。

第二，在同一类别下，尽可能填三个志愿，以便调剂分流。

第三，充分尊重学生选课的意愿，把选择过程本身作为学生学会选择的学习过程，除特殊规定情况外，不能干预学生的选择。

第四，条件许可时可以采用课程超市、电视影片等方式推荐课程，让学生有直观感受。

第五，从课程发布到填报志愿，应给学生预留不少于一周的选择时间。一般情况下，学生会从已有选课经验的同学那里获得帮助。

下面提供的是"选课指导书"式样：

> 高二年级任选类校本课程"选课指导书"中有关填报志愿的说明：
>
> 为认真执行国家课程计划，切实有效地进行素质教育，拓展同学们的视野，发展个性，本学期在高一学年已修课程的基础上开设校本课程。现就任选课的志愿填报方法作如下说明：

(1) 校本课程实行学分制管理,高二同学本学期必须在人文素养类、科学素养类和生活职业技能类中分别完成一门课程的选修,以取得相应的学分。身心健康类,属于长周期、跨学年选修课程,仍按高一选定的专项学习,获得相应的学分。

(2) 有的课程一个学期即可完成教学内容,若在高一时已修满该课程规定的课时并取得学分,本学期就不能再选这门课。例如,在生活职业技能类中,你已取得"电视节目制作"的学分,这学期就不能再选这门课。

(3) 每位同学可以在人文素养类、科学素养类和生活职业技能类中,选择三门课,分别作为第一、二、三志愿,第二志愿必须填报,第三志愿可以不填。学校将根据同学们的志愿申报情况和课程开设的实际进行分流调剂;调剂也将尊重你的志愿。

(4) 在确定各选修课程的名单后,同学们应按要求学习该门课程,不得擅自调换或中途弃学,否则将无法获得相应的学分。

(5) 原高一数理化生物竞赛班的同学,在科学素养类第一志愿内,应该继续填报该门学科的竞赛辅导班,科学素养类的其他课程可以不报。

(6) 本学期校本课程的课位,初步定在周一第7节,周三第8节及周四第7节,请同学们预先对自己的学习进行统筹安排。

关于校本课程目录和课程简介,可以根据学校情况和需要制定与公布。"选课志愿表"按照学生信息、课程代码分别填入第一、二、三志愿。在此省略示例。

(八) 组建教学班

教学班的组建工作由学校教务部门负责,其工作程序和原则是:

第一,分大类逐门统计第一志愿选课人数。选课人数达到班级限额90%的课先行确定,学生的第二三志愿一般不再调剂;对于选课人数接近或达到班级限额两倍的课程,如师资、设施条件允许,可以组建两个教学班,由主讲教师负责与其他教师共同开设,以确保学生意向的实现。

第二,选课人数未达到班级限额下限的课程,优先从选课人数超过班级限额上限的课程中,调剂第二三志愿补足,以确保课程的丰富性。经调剂仍未达下限的课程,则不能开班。

第三,按志愿优先原则综合调剂余缺,不要强求班级人数的均衡。如出现选课轮空现象,则应及时与学生沟通解决,改填志愿或下一轮再选。

志愿调剂完成后,汇总形成"校本课程安排总表",发给相关教师和学生,同时按教学班编印学生花名册,发给相关班主任及任课教师,通知学生按时到指定地点上课。

(九) 管理与评价

校本课程的管理与评价,重点在于课程申报与审议、学生选课、上课常规、学业成绩、教学质量等几个环节,特别是要建立相应的决策程序与校本课程发展机制,以及课程管理与评价的规章制度等。

二、北秀小学学校课程方案例释

北秀小学是杭州市一所非常普通的小学,学生以外来务工者子女为主,乡村学校的生源特征十分明显。北秀小学根据学校实际制定的学校层面的课程方案,无论是对城市小学,还是对乡村小学而言,都是值得参考的实用案例。比如,背景分析通常作为一个单独的文本要件来呈现,但也可以采用开头段的形式来表达。北秀小学采用的就是后面一种表述形式,而且于其中把应该说的主要背景说清楚了。

(一) 背景分析

学校以招收外来务工者子女入学为主,最近五年来,班级数量和班额一直在扩大,课程改革和教学创新的任务日益繁重。为了提供更加优质的大班额教学,把学校办成一所学生、教师、学校共同发展的新优质学校,特制定本课程方案,以指导学校未来三年的课程改革和课堂教学实践。

(二) 课程目标

学校坚持为每位学生幸福奠基的办学宗旨,立足于学校实际,进行北秀小学毕业生形象和课程总体目标设计,确保学校学生在达到国家对于小学生的基本要求基础上,更有特点地做到"身健心明""笃学敏行""童真雅趣"和"学会创造"。

- 身健心明：拥有健康生活方式和良好行为习惯，悦纳自己，自信开朗，懂得感恩与欣赏；
- 笃学敏行：学习严谨，行动落实，动脑筋，想办法，学会自我管理；
- 童真雅趣：具有质朴而积极的审美情趣和艺术气质；
- 学会创造：主动适应，敢于尝试和展示，勇敢面对生活中的实际问题，不断超越自我。

（三）课程结构

1. 课程基本框架

根据《浙江省义务教育课程设置方案及课时安排》和上级指导意见，结合学校实际，学校将课程分为两类：基础性课程和拓展性课程，并对每一类课程的课程设置作出校本化实施规定。

基础性课程							拓展性课程		
语文	数学	英语	科学	体艺	道德与法治	综合实践	体艺特长	主题学习	实践活动

图3-1 北秀小学课程架构

2. 课程设置

根据《浙江省义务教育课程设置及课时安排》的规定，确保开齐、开足、开好小学各学科课程，并在学校师资配备齐全的前提下，为学生提供更适合、更优质的教育，学校课程设置及课时安排如下表所示。

表3-4 北秀小学课程设置

年级 课程/科目与课时		一	二	三	四	五	六	备注
基础性课程		道德与法治1		道德与法治1				
		语文8		语文7		语文6		
		数学4						
		体育与健康3		体育与健康2				
				艺术/音乐2		美术2		
				科学2		科学3		

续表

课程/科目与课时		一	二	三	四	五	六	备注
拓展性课程	体艺特长	自选课程2						
	主题学习与实践活动	思维游戏1/趣味阅读1/绳韵1 国际理解1/秀美德育课程1						
		启航课程		知行课程		远航课程		
		综合实践活动1/主题实践活动1						
实际周课时		26		30				
学年总课时		910		1 050				

(四) 课程实施

1. 提高基础性课程的教学质量

以"轻负高质"为导向,课例研究为载体,转变教学方式,践行"学为中心"的课堂。倡导教师在目标上,关注三维目标和核心素养;在内容上,关注预设与生成;在方式上,关注教与学方式的改革;在对象上,关注"学困生"的辅导和"优等生"的培养。在教学过程中努力培养学生的学习兴趣、学习习惯和学习能力,能根据学生的学情及时组织和调整教学。同时,也倡导学生能通过质疑发现问题,通过同伴间的自主、合作的方式获得深刻的学习体验,使我们的课堂在思维碰撞的同时,知趣达味。

以评价撬动课堂转型,语数学科强化教学的过程性评价,不仅关注学习的结果,更关注学习过程中师生的情感、态度等。技能课落实"四学五会"。"四学"指学准、学会、学乐、学热。"五会"指会学、会说、会用、会方法、会做人。

2. 加大德育和综合实践活动整合实施力度

通过对国家课程标准、教材的研究和相关课程资源的活化与开发,优化秀美少年德育特色课程的整合实施。一至六年级每周一课时,由班主任执教。德育处结合校园德育活动,分四个板块十六个主题按年级设置不同层次的教学内容,并对执教教师进行课程培训。

综合实践活动课程的实施,将信息技术、劳动技术、研究性学习、社区服务、社会实践等进行整合,三至六年级每周一课时,围绕"幸福家园、儒雅学园、阳光乐园"的"三园"目标,设置三个主题活动篇章,形成阶梯性课程目标体系,构建该课程主题活动内容的基本框架,具体由综合实践教研组负责研发实施。

3. 突出拓展性课程的个性化和选择性

开设趣味阅读、思维游戏、绳韵、国际理解四类拓展性课程群,并实现课程群的序列开发,设计相应的学科活动,形成学校特色校本课程。各课程主要由相关教研组负责研发实施。

开设可供学生自主选择的知识拓展或体艺特长类课程,主要包括教师依据培养目标和学科核心素养开发的选修课程,以及根据学生个性差异和特长发展需要开设的社团课程。一、二年级采用年级内教师轮班的形式,三至六年级采用学生混龄走班的形式开展教学,每周2课时。

开设主题学习课程,一二年级开设启迪课程,三四年级开设知行课程,五六年级开设远航课程,每个年段每学期安排一周的课时集中开展学习和实践。其中,一年级开学第一周启迪课程实施的主题是"融合",主要是帮助来自全国各地的务工者子女尽快适应小学生活,融入集体生活,顺利完成幼小衔接。

4. 完善运作机制

(1) 自选课程。

申报机制:每学年开学前,教师需根据要求撰写"课程纲要",内容包括:课程目标、课程内容、课程实施、课程评价等,上报学校教导处申报课程的开设。

选课机制:每学年学生都能根据自己的兴趣与特长自主选课。选课前各课程的指导教师和学生团队可以通过海报、作品、PPT等现场招募学员。学生可以通过现场了解和选课单的引导,选择真正适合自己的、喜欢的课程。学校精品课程采用学生自主报名和教师选拔相结合的机制招募学员,其他课程均由学生自主报名,满额后不再吸纳新学员,未报进的学员可由班主任协调进行第二轮选课。

删选机制:每学期结束后,学校教导处将通过发放问卷的形式进行课程满意度的调查。根据调查情况和对教师课程开设情况的综合评定,淘汰不适合学生和学生不喜欢的课程设置,保留和改进优质课程。

(2) 学生社团。

学生社团开设必须经过"自主申报—学校审核—聘请导师—招募队员"的

流程,为保证活动的有序和有效,学校安排教师助教,帮助小导师顺利完成教学任务。

5. 围绕教学问题开展教研活动

教研活动提倡关注常态课堂中的实际问题,开展基于常态问题探究的主题教研,使教研真正为解决实际问题服务。

备课中倡导自主备课和集体备课相结合的形式,建立"高效、共享、反思"的备课方式。依托团队认真学习课程标准,明确教学目标,深入研究教材,理清学科知识,并根据学情优化教学设计,实现教学的有效性。

上课时要求努力做到"六个到位":时间到位、准备到位、情绪到位、关爱到位、练习到位、互动到位。课堂中努力将教学内容情境化、生活化,改进教法学法,增强互动体验,培养合作精神和沟通能力。

作业设计开展基于目标的命题研究,在细化教学目标的基础上,精选、设计习题,落实一本作业本,保证课内不少于8至10分钟的书面练习量。同时研究试卷命题的导向,提高命题能力,改变课堂教学。在批改上,提倡做到统批与面批、精批与略改相结合,批改及时,反馈认真,做到"课堂作业日日清"。

辅导时关注两头学生,给尖优生尽可能提供进一步发展的平台与空间。对后进生要制定个性化的辅导方案,并做到真正落实。

(五)课程评价

1. 基础性课程的评价

基础性课程以采用我校自行设计的"我行我秀"成长手册,记录评价结果。评价强调关注过程和个性,既有单项过关性评价、综合测试性评价,也有平时表现性评价,还有教师、家长、同伴的描述性评价,低段采用无纸化测评。

2. 拓展性课程的评价

拓展性课程采用"学习护照"的形式,记录学生每次选课和参加实践活动的内容、学分及学习成果(活动或作品照片)、荣誉等。自选课程采用学分制评价;活动课程采用成果展示评价。

(六)课程管理与保障

1. 组织保障

为保障课程的有效实施,学校成立"课程改革领导小组",全面设计与领导课改工作的实施。小组的主要职责是(1)客观分析学校实情,准确把握学校课程改革工作落脚点、增长点和创新点;(2)设计学校深化课程改革工作的整体构思及推进策略;(3)统筹各方资源,保障课改工作有序、有效推进,并取得预期成效。

2. 制度保障

制定与课程改革相关的配套制度,如教学评价制度、社团管理办法、课程申报审核制度、精品课程奖励制度等,指导课程的有序实施。

课改领导小组通过行政听课、推门听课、主题调研、学生访谈等形式对教师的教学形式、教学内容、教学进度、教学效果、教学评价等内容进行观察,评价教师的教学态度、专业素养、教学方式等,以此整体提升学校课堂教学水平。

3. 运行保障

重点提升教师专业发展水平、出台私人定制式的教师个性化研修项目,深化项目研究,提升教师对课程的研发、实施、评价能力。着重提升教师的课程意识,包括关注每一个学生核心素养的意识、动态课程的意识、教育的整体性意识、全科教学和教学协同的意识、活动规划与设计的意识、研究即教育生活的意识。

三、"环保酵素"课程纲要例释

"环保酵素"是山东省青岛第二十四中学张静、张枫二位教师开发的校本课程,是中学科技类校本课程纲要的优质范本。"环保酵素"课程纲要和教案,曾获得真爱梦想杯第四届全国校本课程设计大赛特等奖,值得开发校本课程的教师和研究者参考与借鉴。为了例释的方便,"环保酵素"课程纲要收入本书时,作了形式上的调整改编。

(一)课程简介

环保酵素是将生活中的果皮、菜叶等厨余垃圾与红糖、水按照3:1:10的比例混合,发酵3个月得到的液体。它能够用于清洁家居、净化空气、净化水源、消炎止痛、保养汽车、促进植物生长、改善土壤环境、疏通下水等许多方面。

课程将引导学生渗透环保理念,学习环保酵素的制作,体验并实验验证酵素的功效,进而让学生能够主动参与到环保酵素的宣传推广活动中,从源头上实现垃圾的资源化、减量化和无害化处理。若得以推广,将是利国利民利己的大善之举。

(二) 背景分析

全球环境日益恶化,环保行动迫在眉睫,保护环境需要人人参与。如何才能让广大普通民众既简单有效、又能长期坚持下去,身体力行地做到环保呢?其实,制作环保酵素就可以实现这一理想。制作环保酵素的原料取自生活,源于生活,成本低廉,方法简便,效果明显,易于在校园内外推广。学校学生大多在校午餐,餐后水果的发放有利于集中回收果皮,准备材料;多媒体教室,能播放课程资源,为学生提供上网查找资料的电脑。

中学生正处于价值观的形成时期,容易产生强烈的责任意识、生态意识,能够激发出积极的探索实践热情。教师需要提前2—3个月制作5升以上的环保酵素,以便开课后1个月左右有足够的成品酵素作为课堂实验材料。

(三) 课程目标

(1) 学会制作和使用环保酵素;

(2) 锻炼推广宣传环保酵素的能力;

(3) 渗透垃圾减量化、资源化和无害化处理的"三化"理念;

(4) 全面提升核心素养,包括社会责任、实践创新、科学精神、国际理解等。

(四) 学习主题/活动安排

1. 模块一:动员篇

(1) 主题一:地球妈妈生病了。

活动目标:① 了解地球污染现状及原因;② 认识改善地球环境的迫切性;③ 增强保护环境的意识,主动做力所能及的,节约资源、保护环境的事情。

实施要求:观看《地球来信了》环保宣传片。交流和讨论:看到了什么?想到了什么?这些现象会带来什么后果?打算怎么办?

(2) 主题二:垃圾分类面面观。

活动目标:① 了解垃圾的危害;② 掌握垃圾分类的方法;③ 培养主动参与的意识,在生活中努力做到垃圾分类处理;④ 知道什么是垃圾"三化"处理。

实施要求:交流已知的垃圾分类方法。操作"垃圾分类"互动游戏。制定班级垃圾分类实施方案。

(3) 主题三：厨余垃圾也是宝。

活动目标：① 学生通过家庭生活和追踪调查，认识厨余垃圾的危害及资源化处理的常用方法；② 在家庭和学校生活中，宣传推广并具体实施厨余垃圾的正确处理方法；③ 了解厨余垃圾变身环保酵素后的作用。

实施要求：观看视频资料，认识厨余垃圾的危害。了解将厨余垃圾资源化处理的常用方法。进行交流和讨论。

(4) 主题四：我们可以做什么。

活动目标：① 认识到改善地球环境的迫切性；② 渗透"环境保护，我的责任"理念；③ 制定垃圾的"三化"处理方案。

实施要求：了解"零垃圾"生活理念。分组合作，制定家庭、学校中的垃圾处理方案并宣传推广实施。

2. 模块二：制作篇

(1) 主题一：环保酵素DIY。

活动目标：① 掌握环保酵素制作方法；② 自己动手，体验制作环保酵素的全过程；③ 明确发酵过程中的注意事项。

实施要求：教师演示。学生参与。动手实践。

(2) 主题二：材料选择有窍门。

活动目标：① 了解容器、红糖、厨余垃圾的选择要求；② 掌握容器、红糖、厨余垃圾的使用技巧。

实施要求：教师讲解。材料分发。学生动手操作。

(3) 主题三：放气技巧大比拼。

活动目标：掌握自动放气、手动放气的技巧。

实施要求：教师讲解。分组讨论。头脑风暴集思广益。参考他人经验。

(4) 主题四：酵素宝宝巧提取。

活动目标：① 掌握提取酵素和酵素渣的方法与技巧；② 知道如何储存酵素和酵素渣。

实施要求：教师演示和讲解酵素提取。学生实际操作。

3. 模块三：体验篇

(1) 主题一：家居清洁好帮手。

活动目标：① 掌握运用酵素清理油污、清洁家居环境的方法；② 了解酵素的特性与清洁原理；③ 能够运用实验法验证酵素分解油污、清洁环境的功效。

实施要求：亲手做实验，验证酵素分解油污、清洁环境的功效。

（2）主题二：酵素拯救母亲河。

活动目标：① 了解酵素净化水的原理；② 掌握酵素净化水资源的方法；③ 制定拯救居住地水源的实施方案。

实施要求：观看他人案例资料。做实验验证功效。课余时间开展实践活动。

（3）主题三：天然空气清新剂。

活动目标：① 了解雾霾、空气污染的成因和危害；② 了解环保酵素净化空气的原理；③ 掌握酵素净化空气的方法，明确制作环保酵素对净化空气的价值。

实施要求：观看他人经验案例。现场实践操作，观测效果。制定实践运用行动方案。

（4）主题四：浸泡蔬果去农药残留。

活动目标：① 了解农药残留对人体的危害；② 了解环保酵素去除农药化肥的原理；③ 掌握酵素去除蔬果农药残留的方法，用实验法验证酵素去除农药残留的功效。

实施要求：观看资料片。使用农药残留速测卡进行实验验证。

（5）主题五：酵素种植保生态。

活动目标：① 了解现代农业违背自然规律的危害；② 了解什么是有机农业、自然农耕，了解环保酵素对土壤、植物的作用；③ 掌握酵素渣、酵素在种植方面的用法。

实施要求：观看资料片。利用种植基地或盆栽基地进行现场实践操作。

4. 模块四：宣传篇

（1）主题一：宣传推广不容缓。

活动目标：① 总结体验环保酵素功效的感受；② 了解当下垃圾分类、厨余垃圾处理现状；③ 认识环保酵素宣传推广活动的急迫性和可行性。

实施要求：激发学生宣传推广环保酵素的行动热情。绘制思维导图，加深对环保酵素的全面认识。运用网络、社区、农贸市场等多种渠道开展宣传活动。确定适合中学生进行环保酵素宣传推广的地点和形式。

（2）主题二：环保酵素进万家。

活动目标：① 通过宣传活动,提升学生的环保素养；② 在宣传活动中体验社会责任感,弘扬正能量,培养合作精神。

实施要求：因为课程是全班同学参与的,人数较多,不易在校外开展。可利用下午的课外活动时间或者家长会时间进行宣传。

（五）评价活动/成绩评定

评价领域和分值：

(1) 在家庭和学校中制作环保酵素的情况(4,8,12,16,20)。

(2) 体验环保酵素的各种作用并付诸行动(4,8,12,16,20)。

(3) 参与环保酵素的宣传推广活动(4,8,12,16,20)。

(4) 有环保意识和社会责任感(4,8,12,16,20)。

(5) 有团队合作意识和创新精神(4,8,12,16,20)。

成绩评定等第：优秀(85 以上)；良好(75 以上)；达标(60 以上)；待达标(60 以下)。

四、"创意绘本"课程纲要例释

"创意绘本"是由江苏省无锡市少年宫尤敏红开发的校本课程。适合于小学高年级学生,总课时数为 32,属于美术综合实践课程。

（一）课程简介

本课程以小学高年级儿童为主体,围绕"无锡是个好地方"这一主题,运用导演的角色和思维,开展创意绘本活动。课程以项目组合作形式,通过探访惠山古镇,结合个人兴趣爱好,观察记录传统民居建筑、无锡泥人、锡剧服饰和美食小吃,搜集整理无锡城市起源、历史变迁、风土人情的图文资料,学习和综合运用文本创编、装帧设计、艺术表现、展示分享等绘本知识,创意制作绘本,个性化呈现对家乡乡土文化的理解和热爱。

（二）背景分析

把绘本创作与地方文化学习融合成一门美术综合实践课程,对促进儿童图像识读、美术表现、审美态度、创新思维、文化理解等美术素养和增强儿童家乡乡土文化意识具有重要的教育价值。对于无锡小学高年级儿童而言，了解和感受无锡地方文化，通过创意制作绘本，个性化表达对"无锡是个好地方"的理解，是一项喜闻乐见的学习活动。

惠山古镇是无锡老街坊风貌保存完好的唯一街区。古镇历史文物林立，人文荟萃，大运河支流直达古镇腹地，是无锡地名"无锡锡山山无锡"的发源地。这里汇聚了传统的无锡民居建筑、无锡泥人、锡剧服饰和传统美食等地方特色文化资源与图文资料，被称为露天博物馆，是儿童深入感知和体验无锡地方文化的理想活动基地。同时，其近邻少年宫，为开展绘本学习活动，描绘无锡地方文化，提供了便利条件。

无锡市少年宫拥有开设创意绘本课程的良好基础和成熟经验。少年宫配备了专用儿童绘本美术馆，馆藏绘本5 000余册，配置了先进的多媒体教学设备，设置了阅读区、制作区、材料区、展示区及小舞台等教学功能区域。少年宫具备专业的绘本课程教师团队，开发了包括本门课程在内的十大主题系列创意绘本课程，探索出"绘本表征＋项目主题活动"的绘本教学模式，深受儿童喜爱，在全国校外美术教育领域具有良好的影响。

（三）课程目标

（1）以项目小组合作形式开展探访惠山古镇、搜索图文资料，撰写调查报告、项目展示讨论等活动，加深对无锡地方文化的感知与了解，丰富绘本创作的信息与素材，对绘本表达有浓厚兴趣。

（2）通过对经典绘本的赏析及绘本构思单的填写，学习整理创作思路，构建故事文本，表达自己的观点。

（3）选择合适的表现形式及工具材料完成绘本硬体的制作，运用绘本语言创意表现主题内涵，通过视觉图像创作传递对家乡乡土文化的理解。

（4）在会展策划、新书发布、剧本表演等展示过程中，运用所学知识，欣赏同伴的作品，体会无锡地方文化的魅力。

（四）学习主题/活动安排（教学进度，包括日期、周次、内容、实施要求等）

1. 主题选择

课程设计从项目主题的维度和绘本表征的维度展开：

项目主题：选择以感受和理解无锡地方文化的主题展开，围绕无锡的起源、历史传说、传统建筑、无锡泥人、锡剧服饰、美食小吃、地方童谣、风景名胜、现代无锡等专题进行观察记录并搜集资料。

绘本表征：包括绘本创作的设计装帧、艺术表现和人文内涵三个方面。设计装帧着重体现绘本硬体的表现样态，涵盖封面、封底、扉页、环衬、五格书、四页书、翻翻书等硬体表现方式。艺术表现着重展现绘本绘画的表现样态，涵盖水彩、线描、拼贴、水墨、版画、亚克力、水粉、油画、黏土等表现方式。人文内涵彰显绘本对人性关爱的思考，整体呈现绘本成品的气质风貌和价值取向。

2. 模块划分

本课程按四个单元展开。绘本旅行—绘本秘密—绘本镜头—绘本舞台。

"绘本旅行"的任务是丰富创作信息，可通过生活探究、社会实践、网络搜索、撰写调查报告等途径实现。

"绘本秘密"的任务是建构文本，可通过赏析经典、文本构思、制作硬体、故事叙述等途径实现。

"绘本镜头"的任务是绘制故事，可通过图像表达、装帧设计、材料运用、表现技法等途径来实现。

"绘本舞台"的任务是成果展示，可通过同伴交流、会展策划、新书发布、剧本表演等途径来实现。

(五) 内容安排

1. 单元一：绘本旅行(第一周4课时)

分享课程纲要：发放并介绍本课程任务书，了解"创意绘本"的课程目标、内容、学习活动安排、考核评价任务，形成学习本课程的兴趣意愿和概略想法。

看世界：探访惠山古镇。探访惠山古镇。以项目小组合作形式，观察记录建筑特色、无锡泥人、锡剧服饰和美食小吃的相关信息，完成调查报告，小组汇报项目调研结果。

2. 单元二：绘本秘密

(1) 寻秘密：倷伲无锡好地方(第二周4课时)。

搜集和整理无锡城市起源、历史变迁、风土人情的图文资料，各项目组用PPT进行展示介绍。结合绘本《荷花镇的早市》赏析，分析图文表达的意图和内涵,学习创编故事文本,完成绘本构思单的填写。

(2)制作图书:制作绘本硬体(第三周2课时)。

了解绘本硬体制作的基本流程,选择适合主题表达的硬体形式,合理运用材料与工具制作空白绘本。通过交流与评价,感受绘本造型多元的趣味与创意。

3. 单元三:绘本镜头

(1)绘故事:无锡起源——到底有没有锡(第四周2课时)。

聆听传说故事和代代相传的地方童谣,知道无锡地名的由来。拓展家乡传说故事,发挥想象,在创作中加入穿越、个性化的作者形象设计,增强故事内容的趣味性。

(2)无锡名胜——无锡园林甲江南(第五周2课时)。

通过图片搜集、展示、陈述等活动,了解寄畅园、蠡园、梅园、鼋头渚、灵山大佛等风景名胜,学习以图文合页的绘本形式将故事中历史古迹的局部与细节展现出来。

(3)无锡民居——小桥流水人家(第六周2课时)。

通过前期古镇写生记录及图文影像资料,了解无锡传统民居建筑中小桥流水、白墙黛瓦、飞檐翘角的风格与特点。探寻屋脊的脊身、脊翼和脊首的变化与寓意。尝试跨页概念,展现无锡建筑特有的图案与细节。

(4)无锡泥人——阿福阿喜送吉祥(第七周2课时)。

通过前期探访惠山古镇的泥人博物馆及赏析绘本《大阿福》,知道吉祥物阿福阿喜的由来。进一步观察大阿福服饰神兽等形象图案,使用镜头分格的方式表现无锡阿福阿喜的外形特点及传说故事。

(5)无锡戏剧——走进古老的吴歌(第八周2课时)。

通过搜集图文及影像资料,了解锡剧的起源、人物扮相、唱腔特色及服饰特点,尝试选择以翻翻书的形式表现精美服饰的局部与细节,感受吴地瑰宝的魅力。

(6)无锡美食——舌尖上的无锡(第九周2课时)。

通过搜集图文及探访古镇内百年老店"忆秦园"小笼包子店,了解小笼包的制作过程,知道酱排骨、油面筋、水蜜桃、"太湖三白"是家乡美食的代表。结合构思单中设计的美食地图素材,大胆想象,加入折叠页创作,趣味表达故事情节。

(7)未来无锡——赏古阅今画传奇(第十周2课时)。

畅想家乡未来的面貌,大胆想象描绘未来无锡的模样,思考如何将现代与传统融汇一体,尝试选择跨页设计,全场凸显画面美感。

(8)试设计:封面封底讲故事(第十一周2课时)。

赏析绘本《小石狮》《石头汤》,感受绘画作者对封面封底设计的巧妙构思。根据绘本主题,独立完成封面与封底的设计,有创意地凸显无锡特色文化的视觉风格。

(9)藏于环衬的秘密(第十二周2课时)。

赏析绘本《迟到大王》《我爸爸》,理解环衬设计暗藏了绘本故事的预设和提示。独立完成主题绘本前环衬和后环衬不同的设计,选择具有无锡地方文化特色的元素设计环衬。

4. 单元四:绘本舞台

新书发布会——无锡那么美,带你去看看(第十三周4课时)。

策划新书发布会,通过开设书展,演绎绘本,展现绘本创作的亮点,分工合作完成筹备任务。

回顾课程,通过评奖环节,总结本学期课程所学知识,谈谈绘本创作的感想和收获。通过新书发布会,绘本剧表演等活动,丰富对无锡地方文化的感受。

(六)评价活动/成绩评定

1. 评价方式

课程的评价注重主体性、过程性、多元性和发展性,在实施过程中,采用儿童自评、小组评价、教师评价相结合的形式,评价和了解儿童的学习状态和效果。

2. 评价依据

本课程对相关知识、过程表现、绘本作品三方面进行评价。

各部分评价要点如下:

(1)相关知识评价要点:能理解并介绍无锡地方文化的概况;能以独特的视角呈现绘本主题内容;能用绘本的相关知识介绍展示自己的作品。

(2)过程表现评价要点请见下表。

表3-5 学习过程自我评价表

说明：请结合自己的表现，在下列各项中填上适合表现的等级并完成问题的回答。表现等级分☺☻☹三档，"☺"代表优秀，"☻"代表一般，"☹"代表需要加油。

姓名：	绘本名：	班级：
评价序号	评价内容	评价等级
1	我对创意绘本课程有浓厚的兴趣	☺☻☹
2	我积极参与了探访古镇的实践调研活动	☺☻☹
3	我与同伴相互协作完成了项目调研汇报	☺☻☹
4	我在课余时间向别人介绍无锡的风土人情	☺☻☹
5	我独立完成了绘本构思单的填写	☺☻☹
6	我快乐地经历了绘本创作的整个过程	☺☻☹
7	我参与了新书发布会三项以上的准备工作	☺☻☹
8	我对自己的绘本作品感到满意	☺☻☹

你觉得这次创意绘本创作活动是否成功？为什么？

你在这次创意绘本活动中为团队作出了什么样的贡献？

如果你再次参与创意绘本活动的话，你会在哪些方面改进？

表3-6 学习过程小组评价表

说明：在下列各项中填上适合表现的等级，表现等级分☺☺☺三档，"☺"代表优秀，"☺"代表一般，"☺"代表需加油，本表由小组集体进行评价。

组别：	记录：		周次： 日期：	
姓　名	素材收集	创意贡献	团队协作	展示交流
同学A	☺☺☺	☺☺☺	☺☺☺	☺☺☺
同学B	☺☺☺	☺☺☺	☺☺☺	☺☺☺
同学C	☺☺☺	☺☺☺	☺☺☺	☺☺☺
同学D	☺☺☺	☺☺☺	☺☺☺	☺☺☺
同学E	☺☺☺	☺☺☺	☺☺☺	☺☺☺
同学F	☺☺☺	☺☺☺	☺☺☺	☺☺☺

（3）绘本作品评价要点由教师评价，见表3-7。

表3-7打印后贴于绘本学习任务手册首页，由教师标注出每阶段需达到的目标，根据学生完成情况在评价栏中奖励"OK"与"奖杯"两种贴纸。"OK"代表完成，"奖杯"代表优秀。

表3-7 绘本作品教师评价表

说明：评价时，强调对学生参与绘本创作活动的创意思维能力、团队协作能力、积极表达展示能力的正面评价，以激发其参与课程的积极性和热情。

评　价　内　容	评价等级
1. 文本创作有逻辑，语言优美	
2. 有创意地制作绘本硬体	
3. 用独特视角表达和描绘无锡是个好地方	
4. 选择适合主题表达的工具、材料及表现方法	
5. 灵活运用跨页、图文分页、图文合页、翻翻书、折叠页等方式呈现内页设计	
6. 有创意地构思设计封面与封底	
7. 选取具有无锡文化元素的图案设计环衬	

以上课程涉及工具操作和校外活动,需要注意课前的指导、联系和学生的安全。同时,附上"绘本构思单"以供参考。

表3-8 绘本构思单

作者:	书名:

出版社:	

绘本硬体设计:手卷书( )　　四页书( )　　五格书( )　　折叠书( )
翻翻书( )　　精装书( )　　其他_____

媒材与表现方式:画具、材料:油画棒( )　　水彩笔( )　　彩色铅笔( )
水彩( )　　拼贴材料( )　　其他媒材:_____
表现方法:线描( )　　版画( )　　水彩( )　　拼贴( )　　彩铅( )　　其他方法:_____

无锡的传说(童谣):
无锡的著名景点:
无锡的民间工艺品:
无锡的美食小吃:
锡剧服饰与戏台:
我最喜欢的城市一角:
未来无锡的模样:

我的故事文本:
P1:
P2:
P3:
P4:
P5:
P6:
P7:
P8:
P9:
P10:

景点、美食地图设计图:

续　表

分镜图设计：	
封面：	封底：
前环衬：	后环衬：
内页：	
内页：	

五、"沛县封侯虎"课程纲要例释

自1994年开始，张振华和朱桂金两位老师就以沛县封侯虎进课堂为突破口，开启乡土民间艺术与儿童美术教学相结合的教改实验。他们从布老虎进课堂的理念形成，到布老虎综合课程开发的实验推进，再到儿童与民间美术教育理论的逐步提升，进行了一系列持之不断的实验与改革，开发出本土的、新的民间美术综合课程"沛县封侯虎"，充分体现了民族性、乡土性、实践性、创造性。

从小学一个班级发展到一个年级，再到整个学校，后又扩展到其他学校实践，民间文化由此在孩子们的心灵当中生根发芽，逐步探索出一条适合我国民间美术文化保护、传承和发展的新路径。

（一）课程简介

课程是传统布制玩具沛县封侯虎（布老虎）的研究性学习活动课程。课程以做中学、自主探究、任务驱动、小组学习、游戏活动为基本教学方式，以动手实践为主要环节，以培养综合能力为重要特征，以"寻、忆、绘、剪"，到"赞、网、研、做、护、悟"等为活动形式和逻辑设置内容，并与其他学科融通，形成走进文化的综合课程，充分体现民族性、乡土性、实践性、创造性。通过学习提高儿童的审美意识，激发其创造潜能，培育其心智；通过学习使儿童从小学会关注传统文化,关注社会生活,让传统文化深深根植在孩子们心中。

(二) 背景分析

沛县因古有"沛泽"而得名,是汉高祖刘邦的故乡和发迹之地。沛县有着丰厚的历史文化遗产,民间艺术源远流长,并与其他艺术种类构成民间美术的多元化,体现着两汉遗风的浓郁风情。"沛县封侯虎"(布老虎),具有 200 多年的历史,是沛县传统布制玩具中最具代表性及历史渊源的民间艺术品,曾作为国礼在北京人民大会堂赠送给外国使节,被誉为"最美的中国卡通"。

对于这些祖先留给我们的丰富文化遗产,每个中国人都应该珍惜、爱护,以一己绵薄之力去传承、发扬、光大。教师更要身体力行。正是怀揣着这份使命感,张振华与朱桂金老师,他们作为沛县封侯虎的代表性传承人,萌生了课程建设研究的想法,从 1995 年开始进课堂实践,开设"沛县封侯虎"课程应运而生,走上了传统文化课程化的道路。

(三) 课程目标

- 了解"沛县封侯虎"(布老虎)的起源、历史,各种造型、装饰所蕴含的象征意义以及"沛县封侯虎"背后的故事等;
- 掌握"沛县封侯虎"的传统造型、装饰特点及制作要领,运用美术要素构成规律,进行欣赏和创作等主题学习活动;
- 充分发挥观察、思维能力、想象力、动手能力,树立创新意识、审美意识,培养他们的创造力;
- 形成自我、社会、自然之间内在联系的整体认识,培养对自我的责任感和对自然的热爱,感受到中华文化的博大精深,从小学会关注传统文化,关注社会。

(四) 学习主题/活动安排

1. 课程内容安排说明

课程使用单元学习方式,共 10 个单元,以"寻、忆、绘、剪",到"赞、网、研、做、护、悟"这些次序和逻辑设置内容,每个单元安排的课时根据需要不等,每课时 40 分钟,总计 18 课时。

课程的内容进度安排由浅入深、循序渐进。从最初的"寻虎"到后来的"悟虎",时时引导儿童乐于观察生活、关注社会。课程还与其他学科相融通,形成走进文化的综合课程,充分体现民族性、乡土性、实践性、创造性。

具体主题内容框架如表 3-9 所示。

表 3-9 主题内容框架

单元名称	单元目标	具体课时
寻虎	通过欣赏、认识布老虎、寻找家乡的封侯虎(布老虎),激发儿童对民间美术的兴趣和对家乡的热爱	第 1 课时:虎虎生威的布老虎 第 2 课时:活动——寻找故黄河畔刘邦故乡的封侯虎
忆虎	通过了解封侯虎的演变过程,讲述相关的民俗故事,以编排"手抄报"的形式,培养儿童的续编故事的能力和审美表达能力	第 3 课时:封侯虎故事会 第 4 课时:封侯虎手抄报
绘虎	通过欣赏,引导儿童用画笔与封侯虎"对话",绘出自己心中之虎,激发儿童想象力、创新能力	第 5 课时:妙笔画虎
剪虎	通过剪纸的表现手法,体验家乡剪纸虎的神奇魅力,探究民间美术多元化表现形式的兴趣,进一步加强儿童对虎造型表现能力的培养	第 6 课时:巧手剪虎
赞虎	了解、收集诗词、成语中的虎韵及布老虎的名称趣话,通过欣赏、交流,给虎起名、用虎的词语说、写句子等游戏活动,加深儿童对悠久丰富的民间美术的情感,培养民族自豪感	第 7 课时:诗词、成语中的虎韵
网虎	运用网站的搜索引擎,下载、复制相关资料,建立封侯虎资源库,收集有关的故事与传说。体验民俗风情的独特韵味,培养儿童计算机操作等综合能力	第 8 课时:"网览"封侯虎民俗风情
研虎	让儿童了解封侯虎的种类、用料和设色及装饰特点,感受它的造型美、色彩装饰美,激发儿童对封侯虎的探究兴趣,培养审美能力	第 9 课时:封侯虎的种类、用料与设色 第 10 课时:封侯虎造型的表现方法
做虎	让儿童了解封侯虎制作工具与材料、制作方法与流程。尝试正确的开片方法,完成封侯虎的基本制作与外部装饰,通过菜单体验、3D 虚拟设计课程,做出自己具有创意的新作品。培养儿童动手能力、相互间团结、协作能力、创造能力	第 11 课时:封侯虎的制作工具与材料 第 12 课时:封侯虎的开片方法 第 13 课时:封侯虎的制作过程(1)——虎坯制作 第 14 课时:封侯虎的制作过程(2)——虎坯装饰 第 15 课时:封侯虎 3D 虚拟设计课程(菜单体验)

续 表

单元名称	单 元 目 标	具 体 课 时
护虎	通过民俗调查,与封侯虎民间艺人面对面,了解封侯虎濒危的现状,激发儿童对封侯虎的保护意识;通过艺术节亲子活动促进儿童与亲人间情感交流,培养儿童知恩、感恩情怀。	第16课时:民俗调查——走近封侯虎民间艺人 第17课时:社区活动——封侯虎艺术节亲子游戏
悟虎	通过儿童的感悟、讲述,培养儿童思维表达能力、文化传播能力;通过封侯虎课程的学习,在做中学、乐中学,使"教学做合一"的思想理念贯穿始终,让儿童感受民族文化的博大精深,使他们从小学会关注传统文化,关注社会,让传统文化深深根植在孩子心中。	第18课时:把"根"留在课堂

2. 课程实施说明

(1) 建立课程保障机制。

学校组建沛县封侯虎(布老虎)课程领导小组,由课程开发者张振华和朱桂金老师有计划、有组织地开展教师培训,课程做到固定时间、固定场地、固定教师。

学校选择封侯虎、艺人制作场景及当地历史古建筑等图片进行课程场地的环境营造,沛县人民政府还专门成立"沛县张振华封侯虎艺术研究所",形成教师研究团队,以课题研究促进课程实施,并建立"振华教育在线"专题网站,为儿童提供封侯虎课程学习交流的平台,成为孩子们点击的热点。

(2) 课程实施方法与途径。

本课程安排在学校校本课程领域,每周1课时,于星期三下午第2节课时间进行,与国家课程整合在"学校课程方案"中,排在课表内。"张振华封侯虎艺术研究所"研究团队专门成立课程教研组,开展课程教学研究,提高课堂教学有效性。

沛县封侯虎综合课程的实施过程不是直接的理论思辨结果,而是自下而上形成的一种行动,并结合理论进行反思,再回馈到行动计划,通过资源库的建设,从"问题设计、信息搜索、自主讨论、教师引领、菜单体验、网络档案、反馈评价"等过程出发,形成比较完整的教育过程:

```
┌→ 问题设计 → 信息搜索 → 自主讨论 → 教师引领 ┐
└─ 反馈评价 ← 网络档案 ← 菜单体验 ←─────────┘
```

图 3-2 沛县封侯虎教育过程

沛县封侯虎课程的教学方法，以封侯虎专题研究性学习的方式组织跨学科的知识学习，以互动，如小组讨论、游戏、合作、比赛、艺术节展示等方式组织多样性的学习实践活动，让学生通过田野调查、实物观察、动手实践、人物采访、录像欣赏、演讲、讲述等激发学习封侯虎的兴趣。实施过程当中，给以课程权力空间，挖掘教师的潜能，形成自己的特色，努力构建当地个性化、特色化、动态化的封侯虎综合课程，让孩子真正成为课程学习的主人。

学校通过各种手段和途径，努力提高封侯虎教育效果，形成封侯虎学校文化。主要从以下几方面着手：

① 规定层次：全校 3—6 年级星期三下午第 2 节课按教学计划内容实施的教学活动；

② 兴趣层次：学生自愿参加的学校封侯虎兴趣小组，利用节日、假期开展的社区活动；

③ 研究层次：参加封侯虎课程研究小组的同学，都有自己的研究专题，时间地点不固定，采用校内外结合的方法进行封侯虎研究性学习活动。

(五) 评价活动/成绩评定

1. 评价维度

(1) 形成自己对课程的兴趣，完成对封侯虎课程的学习。

(2) 初步掌握封侯虎课程的相关知识与技能，并能通过实践测评。

(3) 运用封侯虎所学知识能够创造性地设计并完成封侯虎作品后，进行展示。

(4) 通过封侯虎课程的学习，使自己的观察能力、思维能力、想象能力、动手能力，以及创新意识、审美意识等方面得到加强与提高。

(5) 通过封侯虎课程的学习，使自己感受到民族文化的博大精深，从小学会关注传统文化，关注社会生活，让传统文化深深根植在心中。

2. 评价方式

封侯虎课程评价更加注重主体性、过程性、形成性和发展性，因此评价目标多元、评价手段多样、评价方法灵活,重过程、重表现、重环节。在实施过程中,对教师、学生、课程进行正确的综合评价,通过学生自评、互评、师评来了解学生在实施过程中的具体学习情况及参与的热情。

(1) 自评:由任课教师先确立目标与评价方式,儿童对自己课堂表现进行的自我评价。

(2) 互评:由同桌之间、同学之间或小组之间通过多种途径评价。

(3) 师评:由教师通过观察儿童、课堂学习情况,以及通过作业、考核等形式对儿童的进行综合评价。教师评价应给以积极的评价,不能以成人认为重要的审美标准来评价儿童的作业效果,评价要以儿童的创造性为重要依据,积极的评价反馈能使儿童珍视自己的个性。

(4) 评价等级:中年级采用星级评价(最多五星,最少一星),高年级采用等级评价(优秀、良好两个等级)。

(5) 具体方法:每位同学每节课获得一张评价卡,活动结束后,学生用描述性的语言记录自己在课堂上的收获。接着请同桌或者本小组同学给予中肯的评价,评价卡上留有教师评价的空间。由课代表收齐后交给教师,再作评价。评价卡如表3-10所示。

表3-10 学习成绩评价卡

姓名		班级		活动内容		日期	
自评	我学到了什么?我获得多少机会?我喜欢的原因?我不满意的地方?							
互评	评价者签名:						
师评	1. 优秀 2. 良好						

3. 建立儿童成长记录手册——"成长诗篇"

每位学生获得一本封侯虎课程学习成长记录手册——"成长诗篇",内容包含:家长寄语、努力目标、成长经历、获奖记录、精彩一刻、得意之作、童言心语、教师评语等板块,可用文字、绘画、照片等形式记录。"成长诗篇"的建立,让学生在成长手册上记录本课程学习成长历程,手册还留有教师、家长的评价空间。

思考与讨论

（1）举例说明一份好的课程方案或纲要的主要特征是什么？

（2）有人认为，学校课程规划应该重在过程。那么，花大量时间和精力把课程规划变成文本化的方案有必要吗？

（3）写好课程方案或纲要的主要难点在哪里？

专题四

乡村学校课程实施

引　言

乡村学校课程实施,特别是校本课程实施,需要从乡村学校实际出发,不忘本来,吸收外来,面向未来,立足于学生探究学习的视角,发掘乡村文化的课程资源价值,创造出具有乡村学校特点的课程实施模式。

专题重点

- 乡村学校课程实施事项
- 乡村学校课程资源建设
- 教学材料精选与教学内容确定
- 乡村学校校本课程实施调研例释

一、乡村学校课程实施事项

乡村学校课程实施事项,既包括国家和地方课程的校本化实施事项,也包括校本课程的特色化开设事项。前者以教学为主,学校比较熟悉和专业,后者则涉及更多环节,学校相对比较生疏。

所以,本部分更多以校本课程特色开设为主,兼顾国家和地方课程的校本化实施。校本课程实施主要是指学校层面的校本课程规划付诸实际行动的过程,需要完成校本课程的申报与审议、选课与开课、上课与辅导、校本教研等一系列课程实施事项。

对于规模比较大一点的乡村学校来说,需要建立校本课程实施事项的专业规范,确保校本课程实施的质量和水平。而对于规模比较小的乡村学校来说,更多要强调专业规范意识,但实施机制上则完全可以更加灵活便利,以解决实施问题为要义,不必亦步亦趋。

(一) 课程申报与审议

1. 申报

课程申报主要适用于校本课程实施。校本课程实施的首要环节是动员和组织教师依据学校层面的课程方案申报开设校本课程。在动员时要宣讲学校课程方案,特别是校本课程方案,确保全体教师在校本课程开设任务上能够统一认识,积极主动承担校本课程开设的具体工作。

同时,要根据校本课程开设需要,以及教师面临和提出的实际开课问题,组织讨论,开展校本培训,集思广益,积极开发和合理利用校内外各种课程资源,特别是乡村乡土社会文化资源和自然资源,边学习,边摸索,边改进,形成体现学校层面开课要求的校本课程"申请表"和教师层面拟具体申报开设的课程纲要。

对于参与校本课程开设的教师而言,新开课程或模块需向学校教务处申报并提交校本课程"申请表",由学校组织班子成员和骨干教师进行评议和审定。

2. 审议

对于教师提交的"申请表"和具体申报的校本课程,学校的审议需要考虑五个主要的因素:

一是政策要求。

教师申报开设的校本课程,必须符合国家政策规定和要求,是政策允许、鼓励和支持的。反过来讲,凡是违背党的方针政策和国家法律法规的开课申报,必须一票否决。例如,涉嫌散布各种封建迷信和反动腐朽思想,宣传宗教教义(尤其是宣传各种邪教思想),影响民族团结和国家统一,歧视性别、种族和弱势群体等特定人群,引发外交纠纷,违规收费或补习、随意增加课时等内容,都是课程审议过程中要重点防范的情况。

二是条件允许。

教师申报开设的校本课程,要在学校条件允许的范围内,努力发掘和利用蕴藏在学校、师生、家长、社区、人脉之中的各种社会资源与自然资源,因地制宜,因陋就简,贴近学生生活,就地取材,让学生喜闻乐见地进行学习,发展自己的特色和特长。也就是说,不能超越学校现实条件,为开设校本课程而开设校本课程,更不能好大喜功,无视课程成本问题,做一些校本课程的面子工程。

三是学生需要。

从根本上讲,校本课程是为学生开设的,所以除了政策和条件允许之外,还要充分考虑学生差异化的学习和发展需求。事实上,开设校本课程的本意就是增强课程对于地区、学校和学生的适应性,满足特定学生群体的特定成长需求。这些学生的发展需求,更多地是校本化的,只能在校本课程学习中获得有效帮助。

比如,学生需要了解和熟悉一些地方性知识和地域性文化,这对于建构学生的文化身份,即从爱家庭、爱家乡到爱祖国,形成内涵充实的家国情怀,有非常重要的作用。针对这一类内容,只有学校层面才能更好地开课。学生也有一些阶段性的需要,比如有些学生碰到青春期的具体的成长烦恼和人际困惑,需要课程层面提供一些机会,通过学习某些相关知识或进行某种参与式交流加以应对和解决。还有,一些迭代很快的具有鲜明时代特点的新知识、新技能和观念等内容,只有校本课程能够及时吸纳,供学生了解和学习。

四是素养导向。

如果说国家课程还面临知识学习和考试压力的话,那么校本课程就没有这样的压力。所以,校本课程就是为学生打开了一扇窗,提供了一个机会,不采用编教材、做加法式的知识本位措施,而是更有探究性和创意性地获取与运用知识,发现问题,分析问题,解释和解决问题。换句话说,校本课程完全可以成为素养导向的课程发展特区,完全可以更好地鼓励和引导教学方式的变革,以更具探究性的方式进行课程学习,引导学生在探究任务中,开展问题式学习和项目式学习,形成更有意义的正确价值观念、必备品格和关键能力。

五是学校决定。

校本课程是学校需要综合课程政策、学生需要和学校条件进行自主决定的课程。对于学校而言,这是一种权利,是一种责任,是一种能力。既要赋权,更要增能,要充分体现学校自身的教育教学实际和办学思想,开发出具有学校特色的生动活泼的校本课程系列。

(二)学生选课与教师开课

1. 学生选课

校本课程的选课,更多地是完成一种流程,同时也是一个教育过程,给学生提供在选择中学会选择的机会,发展选择能力。

基本的选课流程包括:公示(教导处公示审议通过的选课清单);广告(列入选课清单的开课教师提出课程广告和说明);选课(由教务处和年级组组织学生根据选课清单及选课指导手册或毕业学分要求选课);确认(选课人数达到规定要求即可确认开课,开课第一周,学生可试听和改选)。

当然,对于规模较小或条件相对薄弱的乡村学校来说,只须强化一些流程意识，完全可以因地制宜、因陋就简地处理或安排选择事项。

2. 教师开课

经过学校课程评审组评审通过后，列入选课或开课清单。已开过一轮的课程模块，则可以直接列入选课或开课清单。选课或开课清单，由教务处公示并备案。列入选课或开课清单的课程模块，需撰写或修订"课程纲要"，再提交教务处备案。

（三）教师上课与辅导

1. 上课和辅导

上课是学校课程实施的常规事项和中心事项，也是最为基本的课程实施事项。诸如上课的科目、班级、时间和地点等事项安排，基本上都是教务部门排好课表，任课教师按课表安排执行，遇到问题也可以及时报告年级组和教务处协调解决。

上课过程主要是由教师的教和学生的学以及师生之间、生生之间互动所形成的活动轨迹，而教师是决定和主持这一过程的主导力量。很多时候，教师会把上课理解为教师讲授内容的行为过程，但其实这样的理解并不全面、准确，甚至是一种误解和曲解。真正有意义的上课，主要的学习过程需要由学生来完成，教师的作用主要是引导和指导学生学习，在这个过程中对学生遇到的问题要及时给予协助、指点和讲解。

2. 教学指令

上课的有效进行，离不开教师的教学指令。教师教学指令的完整、准确、恰当，在很大程度上制约着学生课堂学习过程的氛围、质量和水平。

教学指令是教师将教师的教变成为学生的学的重要转化机制，是确定以学生学习为中心的教学模式的主要策略，具有其他教学行为因素无法替代的地位和作用。在课堂教学中，如果教师没有全面、准确、恰当地发挥出教学指令的作用，那么学生的学习活动将在很大程度上失去应有的方向、动力、秩序、内涵和自觉性。

教学指令引起、维持和促进学生学习活动的作用，其现实表现是多方面的，甚至是综合性的。第一，教学指令帮助学生明确学习的方向和范围。第二，教学指令启动、维持和调节学生学习行为的进程与变化。第三，教学指令引领学生聚焦于具体的学习内容。第四,教学指令创设和保持学生学习活动的氛围与条件。

课堂教学的行为指令虽然是由教师发出的,但指令所要求的行为却是要由学生去执行或完成的。教师的课堂教学行为指令为学生的学习行为提供了直接的方向和范围。所以,教师教学行为指令的重点应该是体现学生学习行为本身的性质和特点,而不是用教师教的行为去代替学生学的行为。这是准确理解和恰当运用行为指令最为基本的分析思路。

一般来说,教师的教学指令需要根据教学需要有侧重地选择行为指令和内容指令分别运用、交替运用或同时运用。无论是单独运用,还是交替运用或同时运用,都必须明确行为指令与内容指令的匹配关系,正是这种匹配关系实现了学习行为的类别化和学习内容、学习要求的具体化,从而帮助学生的学习活动具有明确而合理的学习行为的方向、顺序、流程、内涵和深度,促进学生的有效学习,让学生学到真本事、真东西。

可是,在实际的课程教学中,对于教学指令的运用常常出现偏颇。要么只有行为指令没有内容指令,导致学生学习活动的形式化倾向严重,始终停留于表层学习阶段,成为一种敷衍了事的走过场;要么把内容讲解与内容指令相混淆,甚至用内容讲解代替内容指令,导致以教师的教代替学生的学,课堂成了教师自我展示输出学习心得的秀场。那些表面上热热闹闹但实际上收获很小的课堂,就是属于只有行为指令没有内容指令的情况,而那些一讲到底、满堂灌的课堂,就属于以内容讲解代替内容指令的情况。

我们必须认识到,仅以行动为基础的教学法往往是没有什么效果的。行动无疑是必经阶段,但哪怕是对于低幼儿童来说,我们也不能把它看作万灵药。这种方法很快就会显现出它的局限。教学中唯一重要的事就在于引发个体的深层兴趣,把其推向根本性问题,而不是满足于维持一种只在活动期间占据其思维的浅层兴趣。也就是说,教学指令不能为行为而行为,也不能让行为停留在一个表面化的、宽泛的抽象层面,必须有内涵、有内容、有实质性的行为条件要求,有贴近学生实际并通向学科概念、原理的具体问题。教师必须把自己当作学生的旅伴。最好的情况是,他能陪伴学生,和学生一起进步,毫不吝啬地给予建议和鼓励,灵活地向学生指出哪里可以找到信息,帮助学生借助图表或模型将观点形式化。

根据行为指令与内容指令主次、轻重关系的不同,两者形成的组合关系肯定是多种多样的,需要教师进行综合评估并有所选择地加以运用。在教学实践中摸索和形成的许多课堂教学模式,在行为指令的角度来理解是非常容易的事情,基本上就是由几个环节构成的教学流程。但是,从内容指令的角度来理解却是非常有挑战性的。

对于多数教师而言,教学指令的专业性主要体现在恰如其分地侧重内容指令的教学指令组合。当然,对于多数学生来说,表层学习阶段往往更多地需要借助行为指令,而深层学习和概念性思维学习阶段则更多地需要借助内容指令,这也是教师确定教学指令组合关系形态的重要思路。

(四) 校本教研

1. 专题调研和定期教研

无论是国家课程的校本化实施,还是校本课程的特色化开设,都需要进行校本教研,以便探讨和解决课程实施中的各种问题。

课程实施中碰到哪些具体问题,需要按专题领域进行分类后,开展专题调研,分类研究,分步解决。比如,每学期末教务处主持召开一到两次学生代表座谈会,倾听整理学生意见和建议,并反馈给任课教师和学校领导,也要倾听和整理任课教师和教研组长代表的意见与建议,反馈给分管校长和管理者。

根据专题调研梳理出来的各种问题,可能会有轻重缓急的区别,但基本上需要按照两大类处理方式进行处理。第一类是属于行政处理方式,即通过组织管理上的协调就可以解决的问题,采用行政手段作出行政决定,予以执行落实即可。第二类是属于专业处理方式,即需要具备专门的知识基础和业务能力,运用专业的学科思想方法和探究方式,对于相应的课程与教学问题进行持续的分析、归纳、总结、设计、实施、观察、反思和改进等循环往复的探索过程,并形成解决问题的方案和策略等。在学校层面,任课教师定期开展教研活动,研究解决课程实施过程中的具体问题,分享教学经验,从专业规范上确保课程顺利实施。

2. 校本教研的研究问题

教研要研究两个基本问题:一是教什么、学什么,即内容问题;二是怎么教、怎么学,即方式问题。内容问题主要是应该教、应该学什么知识的问题,方式问题主要是怎么教、怎么学那些应该教和应该学的知识问题。

要回答好这两个基本问题,需要不断反思和重构教学的知识观基础。教学的意义在很大程度上是指导和帮助学生实现知识性质与类别的连续不断的转化及重组,结晶出学科学习和身心发展的核心素养,为更多综合素养的发展和提升奠定基础。

首先,关于知识分类和学习方式的关系问题。

知识观的核心是知识的分类,基于不同视角可以对知识作出不同的分类。不同的知识分类代表着主体不同的知识观念。好的知识分类符合两条原理:一是逻辑自洽;二是问题解决。即好的知识分类,都是在某个相同的逻辑层面上对知识进行分类,而且能够对教学现实问题提供新的有解释力的分析框架,指明教学改革的方向和思路。任何教师都可以根据解决教学问题的需要作出自己的知识分类。

如果超越学科壁垒,从一般内容性质和学习方式视角来看,学校知识可以分为事实性知识、方法性知识和价值性知识三种基本类型。其中,学习方式的视角更具有教学改革意义。

与事实性知识相匹配的学习方式是记中学,强调理解、再认和复述正确结论;与方法性知识相匹配的学习方式是做中学,强调学科特有的思想方法和探究方式,即学科思维和学科实践;与价值性知识相匹配的学习方式是悟中学,强调学科育人价值,重视从学科视角帮助学生建立深刻而全面的世界观、人生观和价值观,内化学习意义和学习价值。

对于学生而言,知识的性质和类别主要由学习方式决定,即怎么学就会学到什么类型的知识。如果死记硬背,学到的更多的是关于事实、方法和价值观念的正确结论,在不经意间将事实性知识、方法性知识和价值性知识都蜕变成为单一的事实性知识,好像知道不少,但总是人云亦云。如果做中学、悟中学,活学、活思、活用,融会贯通,就能不断地实现事实性知识、方法性知识、价值性知识之间的有意义转化,转知成智,化思想为人格,建立更多的方法性知识和价值性知识,更能独立认识、发现和解决更多有意义的问题,坚实学习的精神支柱,丰富人生意义。

对于同一个学生来说,三类知识与三种学习方式是共时态的同一个学习过程,而不是先记中学,再做中学,再悟中学;对于不同的学生而言,三类知识和学习方式是三种不同的学习境界。三种学习方式中,做中学是核心,它可以把记中学和悟中学统一起来、同步进行。

为了做中学,教师需要设计情境任务,精选课程资源和提供学习指导,学生需要在学科阅读、读书笔记、自主钻研、合作探究、问题解决等学习过程中实现做中学和悟中学的具体化、具身化。

学生形成的主要知识结构与学习方式直接相关,深受教师知识观的影响。现在学生的主要问题是学习方式太单一,只有记中学,缺少做中学和悟中学,导致知识结构扭曲,只有事实性知识,缺少方法性知识和价值性知识,不会学习,学习缺乏意愿、动力和乐趣,甚至学无可念、生无可乐。教师的主要问题是只有事实性知识观,缺少方法性知识观和价值性知识观,导致把所有知识最终都教成事实性知识,教成教条,教无可念,师无可尊。

需要重新认识讲、练、考的教学模型,重新定义教师教得好与学生学得好的关系问题。在教学现实中,对于讲课讲得好的教师及其教学经验总结存在严重的认识误区。讲授教学的前提是学生必要而充分的学习准备,即学生经过做中学、悟中学,有一些问题做不出来,悟不透彻,需要教师讲解点拨。但现实却变成教师用自己的做中学和悟中学,代替了学生的做中学、悟中学,越俎代庖,一上来就讲,一讲到底,然后反复刷题,考试检验。这样的教学模型,短期高效,中期低效,长期无效,长远有害。在这个模型下的学生,内在的学习基础并未真正建立,后劲严重不足。好老师和不好的老师的区别就在于,好老师把死知识能教活;不好的老师把活知识都教死。事实上,两者都不容易。

其次,关于做中学与悟中学的教学环节设计问题。

每位教师都有自己对于教学设计的独特理解。但教学设计的主要任务应该是在学习环节上确保学生做中学与悟中学,养成有后劲的学习方式,活学、活思、活用,举一反三,触类旁通。诚如叶圣陶先生所说,教是为了不教。

教师在促进学生做中学、悟中学的过程中,要善于在提供行为指令的同时,及时提供内容指令,引导学生深度学习,不断地实现知识性质和类别的有意义转化,化信息为方法,化方法为德性,不断优化知识结构,增强学习后劲。

教师需要特别重视学生自主学习的环节和任务设计,包括课堂预习、自我检测、同伴和师生间相互交流与讨论的具体环节、任务及内涵性要求。同时,合理发挥教师讲授的作用:先学后讲,尽量少讲,讲学生自主学习和合作学习中碰到的难点问题。诚如古人所讲的启发式教学,不愤不启,不悱不发。这样的讲授教学,建立在对于学生做中学、悟中学碰到的难点,以及愤悱状态的准确把握上,是一种启发式的因材施教。讲授教学,教师讲得好是教师做中学、悟中学能力的体现,这样的教师是教学能手,但只有把讲得好用得恰到好处,那才是教学高手。

教师须引导学生进行课堂小结和反馈:把课堂小结和反馈变成知识结构化的重要环节,主要由学生个人或小组自己做、自己悟,自我评价和反思。如果觉得学生小结得不够好,教师可以提供讨论和示范,但不能越俎代庖。课堂小结和自我反馈应成为学生带得走的学习能力。

教师要及时设计针对性练习:改变机械重复训练的练习设计,从套用模仿训练的刷题,转向学科探究实践和学科思想方法的实际运用,建立起知识点与知识点之间的内在联系。

二、乡村学校课程资源建设

课程资源是新一轮国家基础教育课程改革所提出的一个重要概念。如果没有课程资源的广泛支持,再美好的课程改革设想也很难变成中小学的实际教育成果。无论是国家课程和地方课程的创造性、校本化实施,还是校本课程的特色化开发,都应该充分发挥当地社区和学校的课程资源优势,为促进学生个性健康和多样化发展服务。

乡村学校课程资源建设的当务之急,也是一个重要的课题,就是强化课程资源意识,提高对于课程资源的认识水平,因地制宜地开发和利用各种课程资源,更好地实现课程改革目标。

(一)课程资源的概念框架

课程资源的概念有广义与狭义之分。广义的课程资源指有利于实现课程目标的各种因素,狭义的课程资源仅指形成课程的直接因素来源。本书所使用的是相对广义的课程资源概念,指的是形成课程的因素来源与实施课程的必要而直接的条件。

按照课程资源的功能特点,可以把课程资源划分为素材性资源和条件性资源两大类。其中,素材性资源的特点是作用于课程,并且能够成为课程的素材或来源。比如,知识、技能、经验、活动方式与方法、情感态度和价值观以及培养目标等方面的因素,就属于素材性课程资源。条件性资源的特点则是作用于课程,却并不是形成课程本身的直接来源,但它在很大程度上决定着课程的实施范围和水平。

比如,直接决定课程实施范围及水平的人力、物力和财力,时间、场地、媒介、设备、设施和环境,以及对于课程的认识状况等因素,就属于条件性课程资源。当然,把课程资源划分为素材性资源和条件性资源更多地是为了说明问题的方便,两者之间并没有绝然的界限。现实中的许多课程资源往往既包含着课程的素材,也包含着课程的条件,比如图书馆、博物馆、实验室、互联网络、人力和环境等资源就是如此。

按照课程资源空间分布的不同,大致可以把课程资源分为校内课程资源和校外课程资源。凡是学校范围之内的课程资源,就是校内课程资源,超出学校范围的课程资源就是校外课程资源。校内课程资源可以包括素材性课程资源和条件性课程资源,校外课程资源也同样包括素材性课程资源和条件性课程资源。校内外课程资源对于课程实施都是非常重要的,但它们在性质上还是有所区别的。就利用的经常性和便捷性来讲,校内课程资源的开发和利用应该占据主要地位,校外课程资源则更多地起到一种辅助和补充作用。只是以往我们忽视了对于校外课程资源的开发利用,今后应该加以足够的重视,但绝不意味着在整个基础教育范围内从根本上改变校内为主、校外为辅的课程资源开发与利用的基本策略。按照美国课程论专家泰勒的说法:"(1)要最大程度地利用学校的资源;(2)加强校外课程(the out-of-school curriculum);(3)帮助学生与学校以外的环境打交道。"[1]

应该引起重视的是建立校内外课程资源的转化机制,一方面学校要善于合理发掘和运用社区及其他兄弟学校的课程资源,另一方面校内课程资源也可以

---

[1] [美]拉尔夫·泰勒.课程与教学的基本原理[M].施良方,译.北京:人民教育出版社,1994:123.

向社区和其他学校辐射。各级行政部门有责任加强管理,在政策上建立健全校内外课程资源的相互转换机制,强化各种公共资源间的相互联系与共享。从技术层面来讲,网络技术的发展开始逐渐打破校内与校外课程资源的划分界限,从而在很大程度使得课程资源,特别是素材性课程资源的广泛交流和共享成为可能,校内课程资源和校外课程资源相互转化的可能性也越来越大了。

由于划分标准的不同,课程资源还可以划分出许多不同的类型,在此很难一一涉及。不过,按照功能特点和支配权限对课程资源进行分类,足以帮助我们建立课程资源的基本概念框架,如表4-1所示。

表4-1 课程资源概念框架示例表

维 度			校内资源	校外资源	信息化资源
课程资源	素材性资源	外在物化形态	教科书系列(向课本学习):学科、课程标准、教材、习题、声像等文本资料	课外书系列(向文本学习):记载各类文明成果的文学类、信息类文本,以及自然类物品等	素材性资源与条件性资源的电子化、网络化、数字化、虚拟化、人工智能化等物化形式
		内在生命形态	向人学习:师生经验、感受、问题、创意、交流等	社会各界人士(向社会学习):人生经验和智慧等	
	条件性资源	有形条件	物质条件:学校师生、设备、设施、场地、载体等	社会物质条件:各类教育生产基地、场馆、开放实验室、社区、工厂、农村、部队、科研院所等	
		无形条件	时空条件:在校学习时间、时机、氛围、环境等	社会时空条件:家庭、社会学习时间、时机、氛围、环境等	

(二)课程资源与课程的关系

课程资源与课程之间存在着十分密切的关系,没有课程资源也就没有课程可言,有课程就一定有课程资源作为前提。但是它们毕竟还不是一回事,课程资源的外延范围远远大于课程本身的外延范围,因为一方面条件性课程资源并不能作为素材成为课程的组成部分,另一方面即使是素材性资源也不能直接构成课程,它还只能是备选材料,只有在经过教育学加工并付诸实施时才能成为课程。课程实施的范围和水平,一方面取决于课程资源的丰富程度,另一方面更取决于课程资源的开发和运用水平,也就是课程资源的适切程度。

在不同教育情境下的课程资源状况可能存在着相当大的差别,课程资源的分布情况,特别是在需要较大经济投入的条件性课程资源方面,往往很不均衡。所以,必须认识到"课程编制和有效实施的各种资源是有限的"①。从目前我国中小学的一般情况来看,经济发达的东南部地区课程资源的状况比中西部地区优越,城市比农村优越。

从理论上讲,即使条件相对落后的西部地区、农村地区,课程资源,特别是素材性课程资源也是丰富多彩的,缺乏的实际上是对于课程资源的识别、开发和运用的意识与能力。所以,目前带有共同性的问题是对于课程资源的地位和作用重视不够,一方面是课程资源,特别是条件性课程资源的严重不足,另一方面却是由于课程资源意识的淡薄而导致大量课程资源,特别是素材性资源被埋没,不能及时地加工、转化和进入实际的中小学课程,造成许多有价值的课程资源的闲置与浪费。一些中小学甚至把教科书当成唯一的课程资源,课程资源的概念十分狭隘。许多不同的材料,如果以条件性课程资源的眼光来看可能存在天壤之别,而如果以素材性课程资源的眼光来看,它们的教育价值则是同质的。有这样一个例子,一类教师教学生画苹果时,提上一袋苹果,一人分一个,让学生看、摸、闻,甚至咬上几口,然后开始画苹果。结果,大多数学生第一次画出来的像西瓜,第二次画出来的像梨,第三、四次画出来的才像苹果;而另一类教师教学生画苹果时,只带一只粉笔,先对全班学生讲画苹果的注意事项,然后在黑板上一笔一画地示范,学生照着教师的样板画出来。结果,所有的学生第一次画出来的就像苹果。比较而言,第一类教师教出来的学生虽然画得费劲且不太像苹果,但画出来的却是"生活中的苹果""自己的苹果",第二类教师教出来的学生虽然画得轻松且很像苹果,但画出来的却是"黑板上的苹果""老师的苹果"。这个例子反映出教育观念上的差异,两种做法对于学生发展的意义是大不相同的。其中,如果从课程资源的角度而言,后一种做法的资源意识是比较淡薄的。或许有人会说,第二类教师没有条件发给学生苹果。但如果用素材性课程资源的眼光来看,就算没有条件发苹果,但大地、小草,哪怕是荒山、黄土坡、茅草棚,它们的教育价值,对于实现课程目标,以及发展学生感受和表达美

---

① [美]拉尔夫·泰勒.课程与教学的基本原理[M].施良方,译.北京:人民教育出版社,1994:143—144.

的意义与功能却是同质的,关键在于我们怎么运用它们。当然,这种说法绝不能成为拒绝改善条件性课程资源状况的理由,而应该成为开发和利用素材性课程资源的动力。

因此,当务之急是加强对于课程资源问题的理论研究,澄清课程资源的概念,强化课程资源意识,提高对于课程资源的认识水平,因地制宜地开发和利用各种课程资源。

(三) 课程资源的载体形式

课程资源的载体主要是指素材性课程资源所依存的物化表现形式,也就是说素材性课程资源总是以一定的载体形式为依存而表现出来的。如果按照课程资源对于人的关系来看,可以把课程资源的载体划分为非生命载体和生命载体两种形式[①]。

课程资源的非生命载体泛指素材性课程资源所依存的非生命物化形式,非生命载体主要表现为各种各样课程教学材料的实物形式,如课程计划、课程标准、课程指南、教学用书、参考资料、学习辅导材料和练习册等纸张印刷制品与电子音像制品,就是素材性课程资源的物化形态。也就是说,这些纸张印刷制品和电子音像制品所承载的内容信息是素材性课程资源,而它们自身只是素材性课程资源的载体形式。从某种意义上讲,纸张印刷制品与电子音像制品等载体形式与教室、实验室、图书馆、科技馆、电教室、语音室、电脑室、文体活动场所等物质条件一样,都属于条件性课程资源,但它们并不能够成为课程自身的直接构成要素,也不能成为课程的实质内容。

课程资源的生命载体主要是指掌握了课程素材、具有教育教学素养的教师、教育管理者、学科专家、课程专家等教育研究人员。他们不但是课程资源的生命载体,而且构成了课程资源的开发主体,是课程资源开发的基本力量。另外,能够提供课程素材的学生、家长和其他社会人士也是课程资源的重要生命载体。他们的需求、经验、智慧和参与是课程改革与发展中越来越不可忽视的制约因素。

生命载体形式的课程资源具有内生性,即它可以能动地产生出比自身价值

---

① 参见吴廷熙.教育资源建设之思考[J].教学与管理.1999(12):3—5.

更大的教育价值,在课程教学资源中有着特殊的作用。教师、教育管理者,以及各种层次的教育研究人员,乃至学生和社会人士等作为这种具有内生性的课程资源的主要生命载体形式,他们自身创造性智慧的释放和创造性价值的实现,是课程教学不断向前发展的不竭动力。

因此,以教师为核心的教育队伍建设和配置优化,始终是课程资源建设中具有决定性意义的环节。在课程资源普遍紧张的情况下,课程资源的建设要因地制宜、有所侧重地进行,通过重点突破来带动整个课程资源结构的优化发展。比较切实可行的做法可能是,通过广大教师创造性地开发和利用多样化的素材性课程资源来促进整个课程教学的优化发展,因为这更能反映出教育发展的本质特征。那种一味追求条件性课程资源更新速度的做法是不明智的。

(四)课程资源的筛选机制

从当前我国课程改革的趋势来看,凡是有助于创造出学生主动学习和和谐发展的资源都应该加以开发和利用。但究竟哪些资源才是具有开发和利用价值的课程资源,还必须通过筛选机制过滤才能确定。

从课程理论的角度讲,至少要经过三个筛子的过滤筛选才能确定课程资源的开发价值。

第一个筛子是教育哲学。即课程资源要有利于实现教育的理想和办学的宗旨,反映社会的发展需要和进步方向。

第二个筛子是学习理论。即课程资源要与学生学习的内部条件相一致,符合学生身心发展的特点,满足学生的兴趣爱好和发展需求。

第三个筛子是教学理论。即课程资源要与教师教育教学修养的现实水平相适应。

所以,开发课程资源,特别是开发素材性课程资源,必须反映教育的理想和目的、社会发展需要、学生发展需求、学习内容的整合逻辑和师生的心理逻辑。诚如美国课程专家泰勒所说,"只有通过利用每一种经验可能会产生的多重结果,才有可能使教学更有效。"[①]

为使课程资源的筛选机制更好地发挥作用,必须注意两个重要原则。其

---

① [美] 拉尔夫·泰勒.课程与教学的基本原理[M].施良方,译.北京:人民教育出版社,1994:31.

一,优先性原则。学生需要学习的东西很多,远非学校教育所能包揽的,因而必须在可能的课程资源范围内,在充分考虑课程成本的前提下突出重点,精选那些对学生终身发展具有决定意义的课程资源,使之优先得到运用。比如,学校教育要承担自己的责任,要帮助学生学会建设性地参与社会生活的各种本领,那么它就必须对于有效地参与社会生活所应该具备的知识、技能和素质以及社会为个人施展才能所提供的种种机会进行综合的了解,作出恰当的判断,筛选出重点内容并优先运用于课程。其二,适应性原则。课程的设计和课程资源的开发利用不仅要考虑典型或普通学生的共性情况,更要考虑特定学生对象的具体特殊情况。如果要为特定教育对象确定恰当的目标,那么仅仅考虑他们已经学过的内容还不够,还需要考虑他们现有的知识、技能和素质背景。

除了考虑学生群体的情况外,还要考虑教师群体的情况。只有这样,课程资源才能得到更加充分合理的开发与利用。

(五)乡村学校开发和利用课程资源的途径

一般课程资源的开发主要有五个方面的基本途径[①]:

第一,开展当代社会调查,不断地跟踪和预测社会需要的发展动向,以便确定或揭示为了有效参与社会生活和把握社会所给予的机遇所应具备的知识、技能和素质;

第二,审查学生在日常活动中以及为实现自己目标的过程中能够获益的各种课程资源,包括知识与技能、生活经验与教学经验、教与学的方式和方法、情感态度和价值观等方面的各种课程素材,以及开发和利用的实施条件等;

第三,研究一般青少年以及特定受教学生的情况,以了解他们已经具备或尚需具备哪些知识、技能和素质,以确定制定课程教学计划的基础;

第四,鉴别和利用校外课程资源,包括自然与人文环境,各种机构、各种生产和服务行业的专门人才等资源,不但可以,而且应该加以利用,使之成为学生学习和发展的财富;

第五,建立课程资源管理数据库,拓宽校内外课程资源及其研究成果的分享渠道,提高使用效率。可以根据实际情况,编制各种各样的"课程资源登记

[①] 参见江山野主.简明国际教育百科全书:课程[M].北京:教育科学出版社,1991:112—115.

表",把课程资源的类型、所有者、获取方式、开发动态和使用事项等登记造表,分类存档,归口管理,以便查找和使用。

除此之外,课程资源的开发还要根据各地和各学校的实际情况,广开思路,发掘校内外的更加具有针对性和适应性的素材性课程资源和条件性课程资源,从而更好地发挥它们的作用。

在课程资源的开发和利用方面,学校教师具有极大的智慧潜能,是一个亟待开发的巨大资源宝库,应该加以高度的重视和充分的运用。我们知道,教学是课程实施的主要途径,所以教学活动的资源是课程资源的重要组成部分,而且是更为细节的部分。所以,教学活动的资源是微观层次的课程资源。与一般课程资源的开发相比,它更强调特定群体和情境的差异性与独特性。开发和利用这类课程资源的主要途径有:

第一,调查研究学生的兴趣类型、活动方式和手段。

研究青少年的普遍兴趣以及能给他们带来欢乐的种种活动,既有利于发现多姿多彩的奖赏方式,帮助学生树立刻苦学习和取得良好学业的信心,也可以启发教师打开记忆的宝库,从自己以往与学生交往的经验中挖掘出大量有益的参考资料。教学方式,特别是学习方式本身就是重要的课程资源。就学习动力而言,研究普通青少年的种种活动与兴趣,尤其是调查特定课程受教对象的兴趣和活动是大有益处的,从中可以归纳出能够唤起学生强烈求知欲的各种教学方式、手段、工具、设施、方案、问题,以及如何布置作业、安排课堂内外学习等诸多要素,帮助学生更好地达成课程目标。比如,组织学生外出参观、充分利用公共设施和社区资源,可以使学生亲眼观察自己将要学习的知识、技能和素质在现实中的作用;运用种种声像手段可以向学生展示实际工作技能、口头表达能力、无私的行为及其他可观察的业绩。根据教学目标的具体要求,请一些在有关方面颇有建树的人士到学校讲课,他们可以结合自身的感受向学生介绍并共同讨论在学习上应该奋力达到的目标及其意义等。

第二,确定学生的现有发展基础和差异。

各门课程的选材都应该取舍得当,为此不但需要了解受教学生目前已经具备了哪些知识、技能和素质,而且还应该兼顾他们之间的差异,设计大量方案,组织多种活动,准备丰富的材料。因此,掌握学生现有知识、技能和素质的水平以利因材施教,收集适应技能高低和知识多寡不同的各种活动和材料,是各门课程选材的必要依据。比如,学生的水平难以整齐划一,为了满足所有学生的要求,阅览室和其他阅读材料汇编就应该备有从不同层次介绍同一主题的资料。同样地,向学生布置分组作业,也应因组制宜,从众多的方案和活动中选取与他们的知识、技能水平相当的项目指定他们去完成。各种练习材料,其具体的内容往往需要课程设计者根据循序渐进的原则加以提取和编排。循序渐进的原则非常重要,因为重复练习很难让学生体会到智力活动的乐趣,反而可能在一定程度上降低学生对于智力生活的敏感性。

第三,为学生提供反馈资料。

为学生提供的反馈资料,特别是向学生指出学习中的差错并分析原因的反馈资料,可以很好地帮助学生找出课程学习中的难点。教师甚至可以自己尝试收集学生常犯错误的资料,设计和整理成各种特定技能和知识领域的核查表,从而及时提供反馈资料。

第四,安排学生从事课外实践活动。

安排课外实践应是课程教学的一项重要内容。学生在课外有无机会将自己学到的知识、技能和素质恰如其分地运用于实践,在很大程度上取决于学生自身的生活环境。一般说来,教师对校内环境及所在社区的某些方面都有所了解,应该加以很好地开发和利用。至于学生平时的课外活动以及有些什么其他学以致用的机会,则恐怕要靠学生自己介绍,这时学生的生活经验可以发挥更大的作用。所以,教师应该注意发掘学生生活经验方面的资源,引导学生将书本知识转化为实践能力。否则,有些学生就可能因为不用而将学习内容忘记得一干二净,整个课程教学的成效就会降低;还有一些学生可能因为学习远离生活而导致课程教学活动变得越来越抽象,越来越困难。

第五,制定参考性的技能清单。

很多技能都具有通用价值,将这些技能作一番调查整理,形成一个对于各门学科和多种课外情境都有参考价值的技能清单。至于态度、兴趣和接受能力等,虽然也有通则,但这方面的研究很难提供有益的通用标准素质清单。所以必须结合具体实际情况,在调查研究的基础上选定作为课程组织成分之一的素质标准。

第六,总结和反思教学活动。

教学工作本身是很复杂的,因而需要不断地学习,不断地总结与思考。教学的新知识、新技能和新策略有多种多样的来源——来源于研究,来源于新教材和新手段,来源于先进教学法的报道,来源于同事,来源于督导人员,来源于对教学的自我总结,来源于对课堂学习情况的思考等。教师要不断地考虑如何充实自己教与学的知识库,并为增加这方面的知识作出不懈的努力[①]。教师需要不断地提高通过自我总结和积极借助他人的反馈来分析自己的学习需要与学习风格的能力。教师应该善于运用教学日志、研究小组和个人教学心得集锦夹、同事指导、他人帮助、同事建议等自我评价和合作总结的手段、方法与策略,提高自我总结和反思的教学水平。称职的教师都应该懂得如何去利用建立在研究基础上的各种资源,懂得在面对某种学习的需要时如何去追寻建立在研究或有效实践的基础上的新知识和新技能,既要能钻研教学,又要能拿出自己的研究成果让其他人分享。

总结和反思教学实践经验有许多的方法和技巧,它们的应用范围已经变得越来越广泛了。工作日志、录音带或录像带以及个人教学心得集锦夹等自我总结的方法和策略,不仅可以使教师给自己的教学实况留下记录,也可以使教师对自己的教学发展路径作长期的跟踪,还可以对自己的进步作长期的分析,进而找出有待进一步学习的地方。其他方法和技巧包括对初执教鞭的教师进行有组织安排的和无需组织安排的同事观摩、同事辅导和同事帮助,教师还要有机会组织研究小组或者举行不很正式的经验交流会,加入各种专业活动网络等,从而更好地了解教学研究的动态,逐步使自己成为教学知识的生产源[②]。

第七,发挥网络资源的作用。

现代信息技术的发展正在突破各种资源的时空限制,使得课程资源的广泛交流与共享成为可能。为此,教师一方面要充分利用各种网络资源为教育教学工作服务,同时也要积极参与网络资源的建设,运用网络技术贡献自己的教育

---

① 参见[美]国家研究理事会.美国国家科学教育标准[M].戢守志,等,译.北京:科学技术文献出版社,1999:85—86.
② 参见[美]国家研究理事会.美国国家科学教育标准[M].戢守志,等,译.北京:科学技术文献出版社,1999:48—55.

教学经验和成果,使之成为网络资源的一部分,与广大同行交流和分享;另一方面,还要鼓励学生学会合理选择和有效利用网络资源,从而增加和丰富自己的学习生活经验。

随着云计算、大数据、物联网、普适计算、社交网络等信息化技术的迅速发展,教育逐渐由数字化向智慧化阶段转变,出现慕课、微课、翻转课堂、移动学习、创客教育、智慧教室等热点事项,基于泛在的学习资源,以学生为中心、问题为中心、活动为中心的能力培养模式将会越来越普遍。

(六) 校外课程资源的开发和利用

校外课程资源主要包括乡土资源、图书馆、科技馆、博物馆以及网络资源等。

1. 乡土资源

乡土资源主要指学校所在社区的自然生态和文化生态方面的资源,包括乡土地理、民风习俗、传统文化、生产和生活经验等。这些资源可以有选择地进入地方课程、校本课程乃至国家课程的实施过程中,成为师生共同建构知识的平台。

乡村经验应该建立在当前孩童们的日常经验的基础上,并能够超越他们的经验,给他们提供可供探索的空间。特别是对于农村孩子,需要借助于教育,催生这样一种自主性,从而获得那份欣赏和建构文化身份认同的自信与悠闲。

乡土资源不是为乡村而乡村,而是为"人"。只有真正关注到学生,真正满足学生的好奇心,只有真正面向学生,植根于乡土生活经验,不断创新教育文化实践,乡村教育才能使学生作为整体文化的体验者和建构者,实现乡村文化的成长资源价值。

2. 图书馆

图书馆作为一种重要的社区文化资源,在开发形式上可以考虑采取学校和图书馆建立联系的做法,实现二者的资源共享;也可以在学校内建立与图书馆的网络联系,使学生能够更加主动和便捷地利用图书馆的资源。同时,还可以考虑请图书馆的专业人员介绍图书情报检索方面的常识,培养学生获取信息的基本技能。

3. 科技馆

科技馆的充分利用有利于拓宽学生的科学视野,加强学生对校内教学科目,如科学、自然、地理等课程的直观和形象的理解,为正式的课程教学提供强有力的支持。鉴于目前国内科技馆的建设现状,在开发过程中可以考虑选择较为典型的科技馆作为样本(如由政府主导修建的中国科技馆和海尔企业兴建的海尔科技馆),并运用现代信息和媒体技术(如制作成光盘或通过上网等途径),使其面向全国普教系统。

4. 博物馆

我国是一个历史和文化积累非常深厚的国家,有着丰富的历史底蕴和资源。全国各地的各种博物馆就是这种历史文化宝库的重要组成部分,具有重要的课程资源开发价值。在开发的形式选择上,一方面加强学校与博物馆的联系,另一方面也可以将博物馆与学校相应的课程,如历史与社会等结合起来,或者通过网络和光盘等形式传播博物馆资源。

5. 网络资源

网络资源的开发在于突破传统课程的狭隘性,在相当程度上突破时空的局限。网上充足的信息可以使思路更开阔,多媒体强大的模拟功能可以提供实践或实验的模拟情境和操作平台,网络便捷的交互性可以使交流更及时、开放,所以可以重复利用网络这一巨大的信息载体,进行课程资源的开发和内容重组。教师可以通过网络使学生以独特的方式进行学习,学生也可以在适合自己的时间、地点获得有关的学习资料。

长期以来,我们忽视了校外课程资源的开发和利用,今后应该加以足够的重视。但这并不意味着在整个基础教育范围内,要从根本上改变校内为主、校外为辅的课程资源开发与利用的基本策略。

(七)课程资源建设的重要认识问题

由于课程资源的开发和利用问题对于我们来说是一个全新的课题,所以需要深入的学习和研究。但从当前中小学课程资源建设的实际情况来看,我认为需要特别注意解决三个方面的认识问题。

1. 教材不是唯一的课程资源

与纸张印刷时代的要求相适应,教材一直是我国学校教育的主要课程资源,以至于人们常常误以为教材就是唯一的课程资源,一提到开发和利用课程资源,就想到要订购教材,或者编写教材,甚至进口国外教材。但是,从前面我们给出的课程资源的定义以及时代发展的要求来看,尽管教材(主要是教科书)直到现在依然是重要的课程资源,但它不但不是唯一的课程资源,而且其相对作用呈下降的趋势。所以,在认识上要打破教材作为唯一课程资源的神话,合理构建课程资源的结构和功能,即使在教材的开发和建设方面,也需要进行结构上的突破,体现时代发展的多样化需求。

长期以来,中小学课程资源的结构比较单一,除了把教材作为唯一的课程资源外,在课程资源的开发主体、基地、内容、条件等方面也很单一,而且未能形成有机整体。

从课程资源的开发主体来看,主要依靠的是少数专家(特别是学科专家)。他们开发的课程在内在的学术性品质上可能是很好的,但就课程反映不同地区、不同学校和学生的差异性与多样性来说,他们是无能为力的,也无法苛求于他们。

因为要使统一的课程开发具有普遍的适用性,就必然地具有相当的抽象性和概括性,必然地舍弃具体地区和学校的特殊性,从而不得不与学校教育的实际需要保持一定的距离。他们能够进行统一开发的只能是那些最为基本的共同学习领域,所以对于那些反映地区和学校差异性的课程需求,地方、学校和教师应该具有更大的发言权。

比如,农村中学的课程内容要为当地社会经济发展服务,在基本达到国家课程要求的同时,设置农业技术教育课程,与农村产业结构性调整相配合;城市普通中学要开设适宜的职业技术课程等,都必须有地方和学校教师作为主体参与课程资源的开发和利用。至于具体的学习资源的开发和利用,就更是如此。

因此,课程结构要适应地区差异、不同学校的特点,以及学生的个别差异,为学生提供更多的选择性,那么就必须充分发挥地方、学校和教师乃至学生进行课程资源开发的主体作用。要给地方特别是学校以较大的机动时间和自主空间,使其在课程资源的开发、利用和更新等方面有更多的发言权和自主权。事实上,类似于计算机教育等反映时代发展需要的课程门类就是首先从中小学通过自下而上的途径吸收进学校课程中来的。

从课程实施的活动空间来看,班级课堂成为最主要的条件性课程资源,许多中小学还缺少相应的专用教室、实验室、图书馆和课程资源库等。学习方式和内容主要集中在学科内容的课堂教学上,缺少包括研究性学习、社区服务、社会实践以及劳动与技术教育等综合性实践活动形式。

从课程素材或内容上看,偏重知识资源特别是学科知识资源的开发,忽略了学科知识的新进展和各学科知识间的相互渗透和融合,也远离了学生的生活经验。

从课程资源的载体形式来看,课程资源的开发往往偏重于纸张印刷制品,甚至把教科书作为唯一的课程资源加以固化,而对于开发多样化的课程资源载体形式则重视不够。

此外,校内与校外课程资源的转换协调机制还没有很好地建立。学校在图书馆的藏书结构、服务时间、服务方式和使用效率上,还需要进行调整和不断地加以完善。学校肩负着特殊的责任,应该帮助学生有效地接触体现在学者、科学家及艺术家作品中的人类遗产。这些作品的意义在于它们的资源价值,在于学生能从中吸取终身受益的教诲。此外,基础教育要拓展利用各种校外课程资源的途径,包括图书馆、博物馆、展览馆、科技馆、青少年活动中心、工厂、农村、部队、政府机关、企事业单位、高等院校和科研院所,还包括广泛的自然资源,同时要积极开发信息化的课程资源,有效发挥各种公众网络的资源价值。网络不仅是课程资源共享的手段,而且它本身就是一座具有巨大发展潜力的课程资源库。

就教材本身而言,结构单一和落后于时代要求的特点也很突出。不能否认,教材是教学内容的重要载体,但是教材的开发和利用不能仅仅局限于学科知识上,而应有利于引导学生利用已有的知识与经验,主动地探索知识的发生与发展,同时也应有利于教师创造性地开展教学活动,有利于培养学生的创新精神和实践能力、收集和处理信息的能力、获取新知识的能力、发现和解决问题的能力以及交流与合作的能力,发展对自然和社会的责任感。所以,教材的编写应符合课程标准的要求,遵循学生的心理发展特点,精选对于学生终身学习必备的基础知识与技能,从学生的兴趣与经验出发,及时体现社会、经济、科技的发展,尝试以多样、有趣、富有探索性的素材展示教育内容,同时能够提出观察、实验、操作、调查、讨论的建议。

事实上,现代信息技术的飞速发展和网络技术的广泛应用,给学校教育带来了新的发展机遇,也使学校教育面临严峻的挑战。例如,学校课程以及课程内容的载体(特别是教科书)将越来越不是学生学习的唯一渠道,或者说课程与教材的内容与外延将发生越来越大的变化。显然,把教科书当作圣经一样来解读是陈旧的、过时的学习方式。今天的教材已经不仅仅是学生课桌上的书本,而如何开发和利用课程与教学资源,是课程教材编制面临的新的重大课题。

在资源的选取上,古老的问题"什么知识最有价值"被赋予了新的答案。那些有利于学生学会学习、学会思考、学会合作、学会创新和发展的资源在新的教育价值观的引导下,将会逐步占据主导地位①。课程资源结构的重点在发生变化,学校成为课程资源开发的重要力量,网络资源异军突起,这些都为课程资源结构的优化提供了动力。

2. 开发校本课程不能简单地等同于编教材

在实行三级课程管理时,地方和学校往往容易习惯性地把开发地方课程和校本课程看作是编教材、印教材和发教材,认为这是地方课程和校本课程必不可少的成果。其实,这是对于地方课程和校本课程开发的一种狭隘的理解,甚至是一种误解。

开发地方课程和校本课程并不能等同于编教材,或者说主要不是编写学生统一使用的、人手一本的教材,而应该充分开发和利用当地的课程资源,更多地采用活动的形态以及为开展活动而提供给教师一些参考性的课程方案。否则,就可能使地方课程和学校课程成为国家课程的翻版,一方面进一步加重学生负担,另一方面也失去地方课程和校本课程的应有价值。

长期以来,我们实行的是高度统一的国家课程,这为培养统一的国民素质起到了很大的作用。但是随着时代的发展和社会的进步,这种单一的国家课程开发模式受到越来越多的挑战。一方面,单一的国家课程开发模式不可能解决学校遇到的所有课程问题,课程的适应性较差。特别是像我们国家幅员辽阔、人口众多、经济社会发展很不均衡,这一情况就更为凸显。另一方面,单一的国家课程开发模式不能很好地发挥地方、学校乃至社区独特的优势、传统和办学积极性,难以满足他们的需要,造成大量有价值的课程资源的闲置与浪费。此

---

① 吕达,张廷凯.试论我国基础教育课程改革的趋势[J].辽宁教育,2000(06):26.

外，正如许多研究结果所表明的，学生厌学辍学，特别是农村学生厌学辍学的重要原因之一就是基础教育课程远离学生的实际生活经验，无法满足他们带有地域性和学校特点的发展需求，导致他们对于基础教育课程产生陌生感和自卑感，从而丧失了继续学习的动力。

地方课程和校本课程的设置，其目的就是要弥补单一国家课程的不足，发挥地方和学校的资源优势和办学积极性，满足不同地区、学校和学生的不同需求与特点，使整个基础教育课程体系既促进国民共同基本素质的提高，又能促进学生个性的健康和多样化发展。

地方课程和校本课程在管理上不是由国家统一进行的，而是以地方教育部门和学校为主，并鼓励社区人士、学生家长和其他人员的参与。地方课程和校本课程的一个重要取向，是试图消除教育与生活、学校与社会、学生与家长、知识与实践之间的隔阂或对立，建立它们之间的联系，帮助学生理解知识的丰富多样性，提高学生的实际生活能力，培养他们的自信自主和独立批判的精神。地方课程与校本课程的教学应该重视学生在所处的当地社会中获得的知识和能力，它的重点应该是如何利用当地的或者实际现场的知识、经验营造一个多样化的认识论环境和活动空间，帮助学生认识、理解和尊重这种知识和认识方式的多样性，摒弃"唯书""唯师"的"盲从"与"偏见"，使多样性的知识成为提高认识能力的途径，从学生自己所处的周围社会中学习更多的东西。这样的教学环境应该是一种开放、宽松、平等和多样化的教学环境，各种知识和经验都能以不同的方式进入这一环境之中，彼此之间相互交流、竞争和对话，从而培养学生公正对待各种知识乃至自身经验的理性态度。

地方课程和校本课程与国家课程相比，在性质和功能上有很大不同，它们提供的很大一部分内容应该是与学生在当地的社会生活相联系的乡土知识和社区经验，旨在帮助学生理解知识的多样性，更好地获得生活经验，建立学习与发展的自信心。如果硬要把这些乡土知识和社区经验纳入到具有严密逻辑体系的学科课程范畴中，就会破坏它与当地社会生活的整体性，造成乡土知识和社区经验生命力的丧失。这些乡土知识和经验本质上是由当地人民创造和积累的，而不是由一般意义上的学科专家和课程专家们提供的。所以，这些知识和经验的组织与安排，应该由教师、学生、学生家长和社区人士共同参与完成。

就课程类型而言,这些课程主要以活动形态为主,围绕一些实际的社会生活和生产而展开,在活动中学,在活动中教,在教与学的基础上不断地提高实际的做事能力。换句话说,开发地方课程和校本课程,尽管不能说一定不能编教材,但要尽量限制,大多数地方课程不能像国家课程那样编写学生人手一本的教材,而更多的是为学校和教师开发课程提供参考性的课程方案或指南,至于校本课程则应该完全是学校教师开发和选用的课程方案或指南,而不能是学生人手一本的教材。尤其是,以经济利益的驱动为特点、以开发校本课程的名义向学生摊派教材的情况,与课程改革的目标背道而驰,我们应该坚决杜绝这种情况。

3. 教师是最重要的课程资源

课程资源,无论是素材性课程资源还是条件性课程资源,对于课程目标的实现范围和水平都是非常重要的。但是,在课程资源普遍紧张的情况下,究竟哪些课程资源是最为基本的?哪些课程资源在整个课程资源中居于主导地位、对于课程资源结构功能的发挥具有决定意义呢?

对于条件性课程资源来说,必须首先保证的是实施课程最基本的时间和空间。比如,课时保证和基本的安全而必需的场地、物资与设备。这是基础教育课程实施的前提条件,没有这样的条件保证,就谈不上课程实施的问题。在具备了这些基本前提条件之后,条件性课程资源的建设则要量力而行,不可盲目拔高要求。当前,那些为追求一时的政绩和表面效应而过分热衷于学校条件性课程资源建设、忽略更为长远的素材性课程资源建设的做法,应该引起我们的高度警惕。须知,一个现代化的教育体系是由现代化的人来支撑的,而绝不是徒有形式的现代化物质外壳!

与条件性课程资源的开发利用相比,素材性课程资源的开发和利用具有更大的灵活性及创造空间。其中,兼具条件性与素材性课程资源两种性质的人的要素,在整个课程资源,特别是素材性课程资源的开发和利用中,起着主导和决定性的作用。换句话说,教师不仅决定课程资源的鉴别、开发、积累和利用,是素材性课程资源的重要载体,而且教师自身就是课程实施的首要的基本条件资源。所以,从这个意义上来讲,教师是最为重要的课程资源,教师的素质状况决定了课程资源的识别范围、开发与利用的程度以及发挥效益的水平。事实上,随着课程教材改革和学校内部教育教学改革的深化,教师是教育改革关键性因素的观点,越来越引起人们的关注。许多教师甚至在自身以外的课程资源极其紧缺的情况下,"化腐朽为神奇",实现了课程资源价值的"超水平"发挥。

因此,在课程资源建设的过程中,要始终把教师队伍建设放在首位,通过这一最重要的课程资源的突破,来带动其他课程资源的优化发展。毫无疑问,学生的发展必须依靠训练有素的专业教师,教师必须做好准备,以便能给在能力、需要、经验和学习方法上各有不同的学生提供优质的教学。应该为教师提供专业发展机会,提高教师进行有效教学的能力。用于这种发展的资金和专业时间,是教育预算的一个重要部分。

当然,重视专业教师资源并不意味着轻视其他人员的作用。相反,一所学校教师的资源优势能否恰当地形成和有效地发挥作用,与以校长为核心的学校领导班子的课程资源意识和能力息息相关。因为教师专业素质的提高是一个长期的持续发展的过程,所以在教师队伍建设问题上,应该树立高度的历史责任感。除学校行政人员和教学同仁外,其他支持人员包括资料管理员、实验室技师或维修人员等,他们也发挥着课程资源的作用。同样,学生的经验、智慧、问题和困惑等一旦进入教学过程,他们也就成为课程的重要建构者,发挥着课程资源的作用。

4. 课程资源的建设必须纳入课程改革计划中

任何课程改革政策的推行必须有课程资源的支持。"如果制定政策时没有考虑实施政策所需的资源,而且如果没有必要的资源,学校、教师和学生就会处于要求得不到满足的局面。"①因此,课程资源的建设必须纳入课程改革计划中,必须在政策上保证各种课程资源及其责任主体能够得到落实。这是各国课程改革所面临的一个重要课题,即使在美国这样发达的国家,也同样会面对这样的问题。"由于资源短缺,所以很难作出分配决定。地方和州的学校董事经常会遇到的一些资源分配问题包括:分配给科学课时的比例;学校预算中有多少用于普通学生的科学教育,有多少用于特殊要求的学生,有多少用于超常学生;如何分配具有经验的天才教师等。在大多数情况下,政策要求达到的目标远远

---

① [美] 国家研究理事会.美国国家科学教育标准[M].戢守志,等,译.北京:科学技术文献出版社,1999:276.

高出所提供的资源能达到的实际情况。"①反过来说,一项课程改革计划要得到很好的落实,要么课程资源得到保证,要么改革的目标不能定得过高,两者要相互协调。

国家和各级政府在教育政策上必须保证为基础教育分配足够的基本资源,使其达到实施国家课程标准的起码要求,包括提供符合基本要求的教师、时间、材料和设备、适当而安全的场所和社区。最重要的资源是专业教师,这是本书的一个基本观点。同时,时间也是重要的课程资源,课程计划必须有充足的时间保证,以适应学生学习、活动和所学内容的需要。此外,教师的教学准备和常规进修时间也必须纳入日常教学安排中。

课程改革计划还必须充分考虑到课程资源消耗、补充、维护和更新所需要的投入,要有课程成本的观念。学校系统也需要开发一种能够鉴别典型教学材料、保管它们并让教师及时利用它们的机制。也就是说,学校提供适当的基础设施,可以使教师有更多的时间去做更适当的工作,并确保在需要时可以获得必要的教学材料。

时间、空间和学习材料是有效的学习环境中的几个极其重要的组成部分。创造良好的教学环境,也是每个教师应有的责任。教师在资源的安排与利用上要起主导作用,但是学校的行政管理人员、学生、家长,以及社区成员也都必须担负起他们应该担负的那份责任,确保资源在必要时能够被利用。

为学生提供多种机会让他们参加一些自己感兴趣的研究,这些活动是学生学习的一个有机组成部分。在考虑如何安排可利用的时间时,有经验的教师会意识到,学生要有时间去尝试自己的新想法,需要留出因出现错误而耽误的时间,需要有时间沉思默想,还要有时间用来开展相互交流讨论。在安排时间时,应该给学生留出充裕的时间去从事这些活动。教师要给学生留出时间让他们以不同的组合方式——或个人,或结对,或小组,或全班——去做诸如阅读、实验、思考、记述和讨论等多种多样的工作。要创造一种灵活的、有助于探索研究的学生学习环境,确保学习环境的安全性、探究性。教师必须能拥有这些资源,

---

① [美]国家研究理事会.美国国家科学教育标准[M],戢守志,等,译.北京:科学技术文献出版社,1999:276.

也必须被赋予权力,使自己不但能够选择出最合适的材料,也能决定什么时候、什么场所以及用什么样的方式让学生去利用这些资源。教师在作诸如此类的抉择的同时,既要考虑到学生的安全、资源的适当用途和可获得性,也要培养学生积极参与探究性学习的兴趣和能力,让学生有机会通过多种渠道获取、评估和使用各种信息。

总之,上述课程资源的开发和利用必须纳入课程改革计划中,得到课程政策上的保证和支持。否则,学校课程资源的建设将举步维艰。

三、教学材料精选与教学内容确定

无论是国家课程的校本化实施,还是校本课程的特色化开设,都会涉及教学材料和教学内容问题。可以这么说,教学材料和教学内容是课程与教学领域的基本话题,也是普遍存在着认识误区,因而需要努力加以辨析和澄清的基本概念。那么,围绕教学材料与教学内容之间的联系和区别,我们大体上可以从以下四个方面来进行探讨。

(一)教学材料和教学内容指什么

很多时候,特别是在日常用语当中,人们在谈论教什么、学什么的问题时,对于教学材料和教学内容是不加区分的,常常指的就是同一件事情,即教学材料就是教学内容,教学内容就是教学材料,它们是同义词,两者之间是可以划等号的。比如,教师在上课时会说:"同学们手头上拿到的这些教学材料,就是我们今天的教学内容。"或者:"这篇课文、这个单元、这个模块的教学材料就是我们今天的教学内容。"诸如此类,都是把教学材料与教学内容当作同义词使用、不作严格区分的情况。

虽然教学材料和教学内容经常作为同义词使用,都是在回答教什么、学什么的问题,而且在交流上似乎也没有造成什么特别的障碍或困难,但是如果真要深究的话,教学材料和教学内容的概念是不一样的,两者各自的所指是各不相同的。

教学材料也好,教学内容也罢,它们到底指什么呢?简单地讲,教学材料是承载教学内容的载体,教学内容是以教学材料为载体所承载的更加上位的知识形态。两者之间既有密切联系,又有实质性的区别。

(二) 教学材料和教学内容有什么联系

在实际的教学当中,教学材料和教学内容的联系非常密切,两者高度重合,甚至融为一体。一方面,教学材料承载教学内容,是教学内容的载体和来源,为教学内容提供具体的上下文脉络。另一方面,教学内容依托于教学材料,通过教学材料的载体功能获得鲜活的情境意义,从而变得更可教、更可学。

对于学习者而言,教学材料与教学内容,就好比食用食材与摄取营养,它们密不可分,是一个有机整体。离开教学材料的教学内容是没有太大意义的,是很难直接学习的。科学合理的教学材料能够更好地承载应教、应学的教学内容。所以,无论是在理论上,还是在实践上,人们都会把教学材料和教学内容作为不能割裂的有机整体予以高度重视。

事实上,教学总是从具体鲜活的教学材料开始的,通过和运用教学材料这个载体,作为师生互动的媒介,实现连续不断的经验重组和改造,提升上位知识形态的质量和水平,教出和学出应该教、应该学的教学内容。

(三) 教学材料和教学内容有什么区别

教学材料和教学内容虽然联系非常密切,但却终究不是一回事。这就好比食材,不能等同于营养,两者之间不能划等号。弄清楚教学材料与教学内容的区别,对于教学,特别是对于学生的学习是有重要意义的。

从功能和性质上来看,教学材料是载体,是更下位、更具体、更有情境性的信息表征形式,是教学媒介和手段;教学内容是更上位、更抽象、更具主体心智意义的知识形态,掌握实质性的教学内容才是教学的目的。教学材料与教学内容不是一一对应的关系,而是一对多和多对一的关系。教学内容相对稳定,而教学材料多种多样,富于变化,具有很强的可替换性。

这就是为什么,水平考试通常都不会直接考教材,而总是变换着运用不同的材料,考的却是同样的内容。一些课堂教学,就是因为存在把材料当内容的误区,忽略材料和内容的区别,所以才不断地沦为仅有教学材料的形式,教师一直在教教材,却无教学内容的实质,学生未能学到真正的教学内容。

当然,那些教学专业能力强的教师,都是正确处理材料和内容之间关系的高手。他们善于精选科学的且具有典型性、针对性和适应性的教学材料,去教出、学出应该教、应该学的教学内容,他们处理教学材料和教学内容的做法、经验值得高度重视,需要不断总结和推广。

(四)处理好教学材料和教学内容的关系

那么,在实际的教学当中,如何才能保证我们能够处理好教学材料和教学内容的关系问题呢?在此提供两个基本维度,可以参考和借鉴。

第一个维度,是横向领域维度。

也就是说,确定教学内容,我们需要有一个横向的维度,看问题的角度,或者学科思维的角度,来判断材料所承载的更上位的知识形态是什么。

比如,人教版小学一年级第二学期的数学教材中,有一篇课文叫《认识人民币》。认识人民币,人民币只是载体,人民币只是材料,那么认识人民币的什么,那个背后的更加上位的知识形态,才是教学内容。如果不能够区分人民币和人民币所承载的更上位的知识形态之间的联系和区别,那么教学内容和教学材料就是混为一谈的,学生的思维品质和学习能力也难以获得提升。很多学生通过一堂课的学习,认识了人民币,而认识人民币背后的知识形态却没有能够真正掌握。所以,人民币作为材料,它背后所承载的更上位的知识形态,那才是内容本身。因为这是一堂数学课,而数学是研究数量关系和空间形式的科学,所以这堂课的角度,从横向领域的维度来说,就应该是数量关系。这个数量关系的视角决定了,在这一堂课上,学生一堂课中主要需要学到的内容是人民币的单位、人民币的面额、人民币的基本换算。这是从数量关系的维度决定了这一堂课的内容本身是什么。如果我们把这个角度改变了,那么内容也就改变了,同样的材料很可能学出来的是不一样的内容。如果我们改成美术的角度,那它就关心的不是数量关系,它关心的很可能就是版式、图案、色彩、美观,这是美术要学的内容。同样,如果改成科学老师来上认识人民币这样的课,这堂课的视角就可能是人民币涉及到的科技含量问题,比如人民币的材料科技、印制技术、油墨科技、防伪技术、消毒技术、甄别技术、电子货币技术等,都是可能需要学习的科学技术内容。总之,还可以换成诸如历史、政治、经济、金融、文化、军事等很多不一样的角度,以及相应的不一样的教学内容。因此,这就是横向领域维度,是确定教学内容的一个重要的角度。

第二个维度,是纵向水平维度。

即使是同样的教学材料和同样的教学内容,因为学习水平的要求不一样,它的深广度、难易度也是有很大区别的。

比如,同样是认识人民币的数量关系,其教学内容和教学材料因学生所处的年龄水平、年级水平、学段不同而不一样,总体来说呈现由简单到复杂、由浅入深、由易到难、螺旋上升、不断提高的形态。

如果我们在这些维度上准确地理解教学材料和教学内容之间的关系,那么,我们在教学当中,就能够不断地改变"教教材"的定势,转向"用教材教",为更好地"用教材教"、教出应该有的教学内容,提供理论基础。

四、乡村学校校本课程实施调研例释

对于大多数中学来说,要真正地把校本课程开起来,并且开得多姿多彩,开得有生命力,并不太容易。虽然学校中有考试和升学的压力,但校本课程对于不同的学校,仍然具有不同的发展机会上的意义。

本书调研了海南洋浦实验学校,这是一所不太"重点"的十二年一贯制的乡村学校,学校十分坦然地按照新课程的理想,迈出了校本课程的步伐,两年内开出了几十门课,这样大范围和有力度的实践,为教师和学生都带来了生机与活力,以及日渐良好的学风。同时,我们也有了深入研究乡村学校校本课程特色化开设的真实样本。

校本课程的特色化开设,有许多学校层面的实施问题需要寻找答案。比如,校本课程的深度和难度如何定位?教学方式应该怎样变化?从事数学等基础学科教学的教师能不能开发或能开发哪些校本课程?这些问题,都在教师与研究者的对话中得以显露、解释和解决。而关于学生兴趣的可持续性、校本课程在非学分制下的管理问题以及如何防止泛化等更深层次的问题,还需要我们继续探索和研究。

(一)背景

新课程实施以来,我们两次到海南洋浦实验学校了解新课程的实施情况,与校长交流讨论,参加随堂听课和教学观摩,分别与教师和学生座谈,听取他们对新课程的意见和建议。我们印象最深的是,学校严格按照国家课程改革实验方案开展实验,新课程在这里深入人心并取得突破性进展,特别是形成了在学校层面上积极主动解决问题的机制。这一点,无论是在创造性实施国家课程方

面,还是开设校本课程方面,都体现得比较充分。他们的校本课程是一个很有研究价值的案例,我们在此仅对中学部的校本课程进行某些分析和探讨,希望能够得到更大范围的交流与分享。

（二）观课

洋浦实验学校校本课程的特色化开设,确定的基本流程是申报、初审、选课、组班、开课、评价、总结与反思。经过两年多的摸索,中学部校本课程开课达47门,参加学生达3 100多人,近90位教师独立或合作开课,开课时间为周二和周四下午4:55—5:40。

基于学校重视和教师共同努力,校本课程不仅开起来了,而且取得了实实在在的成效。每到校本课程上课的时间,校园里就会呈现出一种从未有过的生机与活力。调查发现,学生对校本课程感到非常满意,他们比以前更喜欢学校,更爱学习了。同时,校本课程的开设也培养了教师的课程意识和课程能力,积累了课程开发的经验,教师参与校本课程的积极性普遍提高。当然,在开设过程中也遇到一些问题和困惑,但这些都是改革中必然会有的,需要在改革中加以解决和消除。

在校本课程的上课时间,我们在中学部吴主任的带领下,在校园里漫步。有二十多位学生在校园里辨认植物,主要是一位生物老师在上课。据介绍,这位生物老师几乎认识海南所有的植物。我们走过去,他正让一位男同学在一块小黑板上写眼前的植物名称和属科,很多学生在笔记本上进行记录。另外,还有三位生物学科的老师跟随,一方面学习辨认植物,另一方面也帮着照看学生,和学生一起学习和讨论。因为有时候要组织到植物园去参观,更需要多位老师带队。这无意中也成就了一种校本课程的协同教学模式。我们问旁边一位女同学:"喜欢这门课吗?""喜欢。"她回答。我们又问:"你会认多少植物了?"她很快说了一长串陌生的植物名字。我们看到旁边几棵树上挂着学生用易拉罐等废品制作的植物标牌。学生介绍说,这样就与环保结合起来了,而且为植物挂牌也算是一种公益活动,校园中的主要树种都挂上了这样的标牌。

树林中一大群学生正围着一个石凳在做弹唱活动,这是音乐老师开的器乐组合与乐队。我们走近一看,好几个人在弹吉他,都很投入和陶醉,分不出谁是老师,谁是学生,更多的人则围坐在一旁听着、欣赏着。

吴主任兴致勃勃地带我们去看"街头篮球",这门课程允许校外的人员或者没有选课的同学参与,所以取了这个名字。我们过去看到,课堂上的场面热烈,几副篮球架下活动的和围观的学生有一百多人。其中一组练习的主要项目是接传球和带球上篮,老师不断地指点着学生的动作,控制着练习的节奏,还时不时有围观者加入到练习的行列中来。

  我们到校园里所有的教学楼参观后发现,有些教室人很多,有的却很少。有一个教室放着介绍名山大川的教学片,配音全是英语。我们询问其中一个学生是否能听懂,她说观看前老师会大致介绍,这样虽不能完全听懂,但可根据情境猜出来,借此练习听力。在一个多功能厅里,学生在看《三十六计》的影片,还有一个教室在放历史电影。化学兴趣小组在实验室上课,我们悄悄问了一位挤在最后一排的学生,这个课为什么这么多人?学生说可以学到知识,最主要是可以自己动手做实验。

  在上课期间,也有一些学生似乎只是在校园闲逛。我们问他们,为什么没有选修校本课程。有一个学生说:"我想选'电脑',但报名人数有200多人,只收30人,要考试,我没选上。我还喜欢羽毛球,但也错过了报名机会。最初的选课说明上没有这门课,后来才知道有,已经过了选课的时间了。"另一个学生说:"我喜欢'声乐',但人太多,所以没选成。"据吴主任介绍,学校里面还有300多名学生因为各种原因没有参加校本课程,有的是因为没有自己感兴趣的课,有的是因为选了课,但因人数限制,没能进入自己感兴趣的课程。另外,还有一个很棘手的问题是,有些课出现学生减少的情况,一些学生悄悄地转到其他课,也有在校园里闲逛,这是目前学校管理中的一个难题。这一难题在初中学生身上尤其凸显,因为高中学生还有相应的学分管理规定,而初中学生却并没有。从中可以看出,学校自己在制定制度的过程中,包含了问题暴露和解决的过程。

  下课之后,我们随机询问了一些学生:你选择了什么校本课程?为什么?有的答:"我选'数学',为了今后的发展。"有的说:"我选'声乐',想考特色班。"还有的说:"我选'演讲与口才',觉得自己有这方面的天赋。老师放的是余光中、冰心的作品朗诵录音,让我们自己表演,然后再作比较,很有收获。"我们又问另外的同学:"旅游大观那门课怎么样?""还可以。""是什么吸引你们选的?""是选课介绍上写着,如果上(这门)课的话,有时候可以出去旅游。""事实上去了吗?""还没有。不过,还是觉得有收获,多长了一点见识。"有一位女同学拿着一本《红楼梦》,我们还没开口问,她已经咯咯地笑起来,一脸灿烂。"看完了没有?"我们问。"看完了。""这书是从哪里得到的?""买的。""上课都听懂了吗?""听懂了,老师的解释都很详细。"

(三) 对话讨论

为了进一步交流对校本课程的看法,我们与开设校本课程的部分教师进行了座谈,试图在对话现场与教师一起对他们所开设的校本课程进行具体的案例分析。

主持人:我们学校从开设校本课程以来,无论是开课的老师还是参加的学生都在增加,我们在管理上也逐步规范,但现在感觉到有很多困难,所以,请正在开课或曾经开过课的老师,一起谈谈体会和感受。

教研员:各位老师可以谈谈我们好的做法或好的想法,或者遇到哪些困难与问题,也可提些意见与建议。我们遇到的问题,也可能是其他学校和老师要面对的。我们改进的思路,也可能对他们有启示。调研主要目的是,分析现状,以利于后面的改进。大家可以三言两语,也可以多说一些,完全可以畅所欲言。

◆ **讨论一:课程的难度与深度依据什么来定位**

刘老师:当初,我觉得学习普通话对于海南学生来说很重要,因为他们的口语中有较浓的方言口音。于是我们几位老师合开了"普通话伴你走向成功"这门课程。我想问,校本课程到底是从学生的兴趣出发,还是从功用出发呢?我们当初是从功用角度考虑的,做了很多准备,收集了很多绕口令和著名播音员的朗诵带。报名时有80多人,后来只剩下30多人了,能坚持下来的都是些女孩子。我们一个音节一个音节地教,比如说"l"和"r"就教了一年,而"j、q、x"和"z、c、s"还有一些同学没有学会。我觉得我们下了很大的功夫,不知道明年还能不能坚持下去。

教研员:是不是目标定得太高了?

王老师:学生分不清舌尖前音和舌尖后音,我们讲课的时候把注意力放在每个音的发音要点上。课是6个人合开的。每周换一位老师,学生有新鲜感。他们喜欢基本发音练习,除了听,还模仿,但模仿很不行,只要他们模仿得有点儿像,我们就鼓励他们:"你已经进步很大了,只差一点点就准确了。"我们上课的时候用手势语等来示范。示范的时候他们都懂,但是要他们自己来读就会出错。学生听普通话没有问题,写作文却常受方言的影响。现在,开别的课的老师都有成果,而我们费了很大劲,却拿不出来什么(成果),很失落。不知道有没有更好的方法?

教研员:如果从学生的角度考虑,他们的普通话暂时讲得有所欠缺,我能理解。我想问的是,您要求的难度是不是太高了?您的普通话讲得很好,所以您认为很容易的问题,到学生那里可能很难。您似乎是在用学科专业的标准要求他们,让学生练习音标和发音要点,可能很枯燥。而校本课程的出发点主要是学生的兴趣爱好和实际发展需求,兴趣是最好的老师。如果学生没有了兴趣,您所说的"功用"恐怕也就无法实现了。如果采取如朗诵诗歌和散文、唱歌、排演节目、做游戏、寻找海南人讲普通话的障碍等形式,可能效果会更好,也更为学生所喜欢。也可以开展一些竞赛活动,让讲得好的同学作一些示范等。对多数学生的普通话要求,是否可以更加整体化一些,不必拘泥于每一个音素这样的细节。

另外,我认为,学生的进步就是您的成果。您可以尝试把这种进步记录下来,不断地反馈给学生,这对师生双方可能都是一种重要的鼓励,也是看得见摸得着的成果。还有,开课过程中和结束时对一些教学经验、问题进行总结和反思,从而寻找改进的办法,把这种总结和反思记录下来,也是您自己的收获。成果应该是多样化的。

陈老师:我开的是"红楼梦导读"。根据经验,我知道学生有些读不懂。有两个高中学生在研究性学习时研究的是《红楼梦》,我一开始就带了这两个学生,他们把红楼梦都看透了,很有兴趣,还能与我进行讨论和交流。所以,我就想在校本课程中开设"红楼梦导读"了。到正式开课的时候,第一学期只有十来个人,他们有时候来,有时候不来。我还买了"红楼梦"的影片,有十四集,一集就要一节课,但也不能在上课时只播放影片,我就让想看的学生回家看。上个学期只有3人报名,没有开成这门课,我有点失落。这个学期开在高一,我动员了一下,有16个学生选课。我要求,第一,按时参加课程,请假不超过三次;第二,期末写一篇1 500字的人物评论,两个方面都合格就给学分。课程内容是小说的结构,第五回中的红楼梦判词(很多人不懂判词),主要人物的命运,《红楼梦》的语言艺术、结构艺术等，重点是诗歌，因为它与人物的性格挂钩，也暗含着人物的命运。我不是想让学生成为《红楼梦》研究的专家，只是想让他们有一天想要读书的时候能够想起《红楼梦》这本书可以读。这学期几乎没有人缺席，因为人少，我每节课点名，管理起来比较容易。

教研员：在您的学生里面，有对《红楼梦》或其他四大名著有些基础或感兴趣的吗？

陈老师：有，刚才我提到的那两个就是。

教研员：那么，您有没有让他们在其他同学们面前进行表现呢？

陈老师：比较少。

教研员：基本上还是以您讲为主？

陈老师：他们学习压力特别大，读得很慢，能够读完一半就差不多了。

教研员：我是说可以让每个同学读一部分，然后大家一起讨论，复述其中的精彩故事，专题分析某个人物，交流各自的读后感。不一定要每个同学都通读一遍，因为《红楼梦》全部读完的话，阅读量是比较大的。

陈老师：我重点讲第五回，第五回读懂了，全书也就差不多了。再就是第二回红楼梦介绍，第三回通过黛玉的眼睛看贾府……重点讲诗词。

教研员：您可能把他们都看成研究生了。为什么呢？要读懂《红楼梦》这部小说本身就有难度，所以吸引了那么多红学家进行研究。多数人都只是有一些常识或知道几个主人公。

陈老师：是的，我考判词，学生答不出来。

教研员：有没有可能就讲《红楼梦》的故事？会不会有人听？

陈老师：如果我讲《红楼梦》的故事，那还不如让学生观看影片。我想讲解其中的大事件，点评人物，因为只讲故事的话对学生影响不大，我想通过这门课给学生以更深远的影响。

教研员：可他们不一定想受这种影响，因为您每次都点名，所以他们得来。或许他们更看重的是学分。我想，您的目标定位是不是太难了。因为您的研究是很深的，但红学研究即使对于学汉语语言文学的本科学生来讲，也很难，更不用说一般的高一学生了。学生的年龄、见识恐怕都决定了他们难以特别深入地理解和长期关注这部小说。

陈老师： 我给他们复印了一些资料，有六七十页。

教研员： 您想想，现在学习材料那么多，再加上复印的六七十页，学生要是没有特别大的兴趣的话，肯定不会去看。我想，可不可以想一些更容易、更宽松和更有趣的办法来吸引学生，让《红楼梦》更接近现在的学生。

校本课程的目标是我们自己定的，为什么一定要把它定得这么难呢？如果太难的话，就把很多本来可能参加的学生挡在门外了，校本课程就离"校本"这两个字越来越远了。

讨论二：学生喜欢什么样的教学方式

吴老师： 我开的是"历史电影欣赏"，主要针对初中学生。学生的知识面比较狭窄，有些影片个别学生很难理解，但我的定位是普及历史常识。选该课的学生很多，基本稳定在130人左右。每次上课安排一个学生在门口登记。开课遇到的一个问题是，收集这些影片有些麻烦，我主要收集的是有关国内历史题材的电影，国外的也有一些。我觉得影片对学生的影响比历史课大。我想以后对高中生开世界各大企业的起家史，让他们了解一些名人是怎样成功的。

教研员： 您提供了一个非常宽松的学习环境，130人参加，影响确实不小。如果影片跟历史不一样，歪曲历史，您怎么办？

吴老师： 历史需要解读和诠释，这当然需要老师发挥作用。

潘老师： 我开了"民族风俗"，报名时只有18人，现在有点壮大了，34人。不知是不是我讲的那句话（有关学分的）起作用了，有一些学生转到这个班上来。一般人们对少数民族的印象总是热情好客，这些较为千篇一律的回答有点乏味。我一方面收集了介绍各个民族的影片让学生观看，另一方面也让学生搜集资料后自己来讲，调动了学生参与的积极性。有5个学生，他们各自完成资料搜集后，正好从五个不同的方面来介绍一个民族，很受鼓舞。我本人是苗族人，对苗族风俗有亲身体验，我就先从苗族讲起。目前高中有学分，学生比较稳定，初中就相对不太稳定。

教研员： 学分管理对学生有一定的约束力，这对小学和初中的校本课程管理应该是有启示的。除了学分以外，恐怕学生更喜欢您的风趣和幽默，也喜欢您给他们的参与和表现的机会。这对学生来讲非常重要，学习方式的改变会给学生带来完全不一样的感受。加上您本人又是少数民族，这可能也是吸引学生的地方。目前班上还有没有学生是少数民族的?

潘老师：去年有一个,本学年还没有。

主持人：学校还有几位老师是少数民族,也可以作为课程资源加以利用。

李老师：我是英语老师,开过三门校本课程。第一次是"动感快乐单词记忆",报名的时候有60多人,大部分是初一初二的学生,还有个别高一的学生。我介绍了一些方法,让学生动脑、动手。可人数慢慢变少了。学生说："这个快乐单词记忆还是不快乐。"可能是报名的学生年级跨度太大,年龄小的学生单词量不够,所以学起来很吃力。后来我开了一门"毛线编织",这项技能对以后的生活还是很有用的,可以自己勾帽子、围巾等。我主要教针法,并一个一个地指导。两个多月以后,有的学生勾了帽子和围巾自己戴上,我很高兴。后来可能是学生都认为学会了,来的人慢慢就不多了。我还开了一门"听力入门",有50余人,都是高一的学生,一直在坚持。在课程内容上由易到难进行安排,还让他们听英语歌曲,学生很喜欢。

教研员：您教会学生编织了,学生学得很开心,但学会之后就失去了兴趣,会不会是参与和表现的机会不够?可以多让学生设计并展示自己的创意,或许学生还会有更大的兴趣。您开的"听力入门"与"动感快乐单词记忆"相比,就更加符合学生的实际,由易到难,还有英语歌曲,学起来轻松活泼,目标定位和学习方式都很有针对性,当然会受到欢迎。

周老师：我和何老师合开了"剪纸和折纸",主要针对初二的学生。我们是陕西人,资料来源是陕北农民的剪纸图案画,有动物、人物,也有花草。我们的"考试"是让学生自创图案,他们做得很好。总体感觉这门课还算成功,整个过程中学生的兴趣都很高。

教研员：刚才李老师开"毛线编织",和您的差不多。您的课为什么会成功呢?

周老师：可能是我的资料来源多,我的图案不断变化,一般一个图案一节课就能剪完,学生有成就感。选择这门课程的有女生,也有男生,男生也对剪纸感到新鲜,而且更喜欢用小刀刻。

刘老师：周老师的哥哥是我们县文化馆的馆长,专门从事剪纸销售工作,所以周老师有很丰富的课程资源。

教研员： 资源丰富多彩，方式有变化，让学生自创图案，不断地享有成就感，学生一定会喜欢。

💬 讨论三：数学老师怎样开设校本课程

吴老师： 数学老师开校本课程是最难的。我们开的是"数学建模"，报名的学生从初一到高三的都有，来的学生很多。我将他们分成初中班、高一高二班、高三班，三个老师分别教。这门课主要讲生活中的数学，现在每年高考都强调数学在生活中的运用。后来学生慢慢不来了，他们说："这门课，题目好听，但还是学数学。"再开这门课时就没有人报名了。

教研员： 刚开始很多人选"数学建模"，说明学生对此是好奇的、有兴趣的。但最后演变成做数学题了，学生就不来了。那么，学生究竟喜欢和需要什么，是做研究还是做题目？是发展思维能力还是提高考试能力？这恐怕是我们需要深思的。

任老师： 我开的是"数学思维能力培养"，针对的是一部分学有余力的学生，学生自愿参加，只招同一个年级的学生，人数在20到30之间。上课以题目为载体，这学期主要针对高二的学生，一些高一的学生也要来，我说："可以第一节课来试听，但可能有来了也听不懂的情况。"对上课的高二学生，我的要求是，如果来上课了，就要坚持。另外，感到值就来，感到不值就不要来。你说我开的这门课算不算校本课程？

教研员： 您这门课也算是针对了一部分学生的需求。您讲的内容基本是解题方法吧？

任老师： 是解题方法，如何理解题意、分析已知条件等。

教研员： 您的这些题目从哪里来？有没有由学生针对实际生活提出来的题目？

任老师： 主要是由我从各种习题集中挑选的。

国老师： 我也只能开数学方面的课程。我开的是"数学自主合作探究性学习"，开始有80多人报名，人太多了，只能动员一些人转班。我跟学生说："学了这门课，在解题方面你会更有思路。"题目的来源主要是近几年各省市的80套中考试卷中具有探究性意义的题目，先让学生自主学习，然后进行小组交流活动，最后由学生讲一讲思考方法，能用几种方法解决。考勤办法是，让先来的坐左边,后来的坐右边,也不用点名。评价也是用一道探究性题目来考查。学生连学校开运动会时也要求上课,积极性很高。

教研员:您的课程能吸引学生,这不容易。您的做法对数学的教学应该是很有启示的。但我想,您的课和任老师的课,是否放在校本课程里还值得讨论。

汪老师:我开的是"折纸与立体几何",主要是面向高二学生,因为高二下学期要上立体几何。有一些学生的空间概念很难建立起来。但学生对折纸比较感兴趣,因此我让学生折立体几何模型,如正方体、长方体、正八面体等,全班还一起合作折了一个足球。从中,学生体会了点、线、面之间的关系,因为在这个组合的过程中必须考虑线和线之间的位置、面和面之间的位置,这能帮助学生建立起空间概念。教学的过程中,我只教如何折零件,组合全是由学生自己来完成的。有的模型要三十几个零件,就是折零件的过程比较枯燥,每个零件都是一模一样的,组合起来是比较快的,组合过程也比较有意思。作业要做两份,一份上交,一份自己留着,下学期上课学几何的时候可以用。选课的人数稳定在35人左右。

教研员:同样是数学老师,汪老师开的校本课程就比较有创意,也很受学生欢迎。这给了我们一个启示:思路还可以更开阔一些,比如讲一些与中学数学相关的数学故事,包括重要的数学发现或数学家传记之类的内容,激发学生对数学以及对数学家的兴趣;或者开展一些与生活联系更紧密的真正的数学建模活动。如果不能从过窄的学科框架中跳出来,学校和老师恐怕都难以真正建立校本课程的概念。

朱老师:想请教一个问题,校本课程是立足于学科,着眼于未来的?还是立足于学生的兴趣,着眼于现在的?

教研员:校本课程一定要是学生感兴趣的内容,这是一个重要的标志。这个兴趣是个人的兴趣,是现在的需求。在目前的政策导向上,不是立足于学科的,即使是国家课程,综合化也是这次课程改革的一个亮点。当然国家课程和校本课程不能截然分开,有些比较针对考试的课,很难说它是国家课程,这样的课算是界于中间的。但从学校层面来说,不能全是这样的课,这不符合校本课程的政策意图。也就是说,校本课程的课时不是拿来补习如语、数、外、理、化、生这些国家课程的,它不是学科导向的,而是学生兴趣和需求导向的,也是综合化、应用性、探究性、问题解决式和素养为纲的。它是首先用于满足国家课程所难以满足的那部分学生发展需求的,因此首先要考虑学生的兴趣和需求。同时要注意,立足于学科并不必然地意味着着眼于未来,但立足于学生的兴趣一定是从现在开始的。

顺便指出,从我们学校这个层面上来说,校本课程的管理除了应更加规范化外,还应进一步研究解决两个方面的问题:一是怎样为流动的学生,包括那些未参加的300名学生提供一个更宽松和合理的去处;二是应对于已开设的47门课进行归类,对于选课人数太少的课要有限制,要降低课程成本,要进一步强化校本课程的学生需求导向。

■ 思考与讨论

(1) 课程实施与教学有什么联系和区别?

(2) 作为乡村学校教师,我们最需要开发和利用的课程资源是什么?

(3) 我们学校的课程实施在哪些方面应该大力加强?

专题五

乡村学校课程评价

引 言

乡村学校课程评价有各种各样的视角。在不同视角下谋划乡村学校课程评价,关注的重点就会有所不同。比如,从评价主体来看,就会聚焦于区分内部评价和外部评价。从评价过程和结果来看,就会聚焦于区分形成性评价和终结性评价。从评价功能来看,就会聚焦于区分选拔性评价和改进性评价等。

从乡村学校工作事项来看,课程评价主要是回答评什么和怎么评的问题,即学校课程评价的内容和形式问题。如果把学校课程评价的内容和形式整合在一起,那么乡村学校课程评价的工作事项主要包括三大方面,一是课程实施方案评价,二是课程实施过程评价,三是课程实施效果评价。

当然,为了做好这三项工作,还需要对更多有关学校课程评价的理论进展有所了解,特别是需要关注评价即学习的课程评价改革动向。

专题重点

- 乡村学校课程实施方案评价
- 乡村学校课程实施过程与效果评价
- 评价即学习的改革动向

一、乡村学校课程实施方案评价

一般而言,说到课程评价,人们往往会认为主要是对课程实施的效果进行评价。但实际上,课程评价是与课程的规划、开发、实施和改革等过程相伴始终的价值判断与价值改进的过程。

就操作实务来看,乡村学校课程评价要做的事项,首先是课程实施方案评价。因为课程实施方案是学校课程实施的顶层设计,相当于工程图纸,只有这一环节做好了,实施过程的质量和实施的效果才有基本的依循和保证。方案评价、过程评价和效果评价,三者缺一不可,而且应该彼此照应,相互促进。

(一)乡村学校层面的课程方案评价

1. 乡村学校课程实施总体方案评价

学校课程实施总体方案评价,主要回答两个问题:一是评价什么,即评价内容的问题;二是怎么评价,即评价方式的问题。这两个问题的回答主要依赖于评价技术,特别是评价工具的制定。评价工具有了,评价主体问题和评价结果运用问题等都是相对好解决的问题。

制定学校课程实施总体方案评价的工具,既要考虑学校实际,更要遵循方案评价的基本技术路线。把两者有机整合在一起,形成学校课程实施总体方案的基本维度和条目,并根据方案评价的目的、需要和导向等情况,赋予相应的分值和权重,进而合成为评价分数或等级,如表5-1所示。

表5-1 "学校课程实施方案"评价示意表

维 度	条 目	分值	得分	权重	等 级
合目的	1.1				
	1.2				
	……				
合好用	2.1				
	2.2				
	……				
合管用	3.1				
	3.2				
	……				
合一致	4.1				
	4.2				
	……				

按照表5-1的思路,学校课程总体实施方案评价的基本维度,可以包括合目的、合好用、合管用和合一致四个方面,并结合学校课程实施情况把这四个方面分解成更为具体细致的条目,赋予相应的分值和权重,进而合成为评价分数或等级。

具体说来,"合目的"维度主要考察学校课程实施总体方案中是否清晰地呈现学校课程规划建设的依据,包括学校课程实施的指导思想、办学培养目标、办学理念等,并进一步分解为若干细致条目。比如,明确提出学校教育哲学(愿景、使命与毕业生形象,即育人目标);体现新课程的理念或素质教育的追求;符合国家或省级课程方案的整体结构;内容包括依据、课程总计划、实施与保障等三个部分;毕业生形象(培养目标、育人目标)比较清晰;对学生课程需求、社区课程期待或学校特色有一定的回应等。

"合好用"维度主要考察学校课程实施总体方案对实践的指导作用和可操作性,要求让相关管理者和教师觉得方案简洁明了、好操作。比如,主要课程任务和实施建议总体上清晰、具体、提纲挈领、有新意;国家课程校本化实施(基于课程标准的教学)有具体的建议;校本课程开发有具体的程序和管理措施;对人、财、物、时空、信息等资源有一定的整合;保障措施(特别是组织、教师培训)全面、可落实且是关键措施;总体上清晰地呈现了"谁来做,做什么事,做成什么样"等。

"合管用"维度主要考察学校课程实施总体方案既要体现学校课程实施的常规要求,同时还要能够抓住课程实施的主要矛盾和重点问题,牵住学校课程实施的牛鼻子,有切实举措,能够解决实际问题,据此促进学校日常教育教学工作登上新台阶,提升办学质量、内涵和发展水平。比如,教学措施和开设课程前瞻性地体现出社会发展要求和学生个人需求、兴趣、爱好特点;国家课程的特色化实施重点突出;特色课程的开设特色鲜明;学校课程结构合理,课程建设和实施有亮点;为学校课程实施培育出新的生长点等。

"合一致"维度主要指向学校课程实施总体方案中各要素内部、要素间、方案与课程政策规定间的一致性要求。特别是在国家课程政策、课程标准基础上的教、学、评具有内在的一致性。比如,学校课程实施的政策依据、学情依据和实践依据相互协调一致;课程计划、实施与保障三者具有内在的一致性;学校课程整体结构与毕业生形象具有内在的一致性;校本课程的类别或科目与毕业生形象有一定的呼应;学年、学期、周课时符合上级课程方案的规定;语文、数学、外语等国家规定课程的周课时符合上级课程方案的规定;体育、艺术、综合实践活动、校本课程等课时符合上级课程方案的规定等。

至于具体条目的分值赋值、分数评定和权重规定,则可以根据学校课程实施总体方案评价的科学性、重要性、导向性和针对性等原则,加以综合考虑,进行具体处理和调整。

2. 乡村学校课程实施专项方案评价

学校课程实施方案，除了总体方案，还可以根据需要制定一些专项方案，包括国家和地方课程实施方案、综合实践活动课程实施方案、校本课程开设方案以及年级组或备课组乃至科任教师制定的学期课程纲要等，以确保这些特定课程事项保质保量开展。

学校课程实施专项方案评价，与学校课程实施总体方案的评价思路基本是一致的，都要有基本的维度、条目、指标、要求和赋值等一系列要件，只是各专项方案评价会因功能定位不同而选择不同的具体要求和表述。

比如，学校的校本课程方案评价，也可以采用合目的、合好用、合管用和合一致的四个维度以及更为细致的分解项目。

"合目的"维度主要考察的是校本课程的指导思想，可以相应地分解为更加细致具体的条目。比如，符合国家或省级课程方案的精神或素质教育的理念；内容包括规划依据、校本课程结构、实施与保障等三个部分；规划依据对学生课程需求或学校特色有一定的研究基础；明确提出学校教育哲学（愿景、使命与毕业生形象，即育人目标）；明确提出校本课程所指向的目标；校本课程目标体现了对学生需求、学校育人目标的回应等。

"合好用"维度主要考察校本课程开设思路是否简明扼要，可以相应地分解为更加细致具体的条目。比如，校本课程开设思路和实施建议总体上清晰、具体、提纲挈领、有新意；明确提出校本课程开发的程序；明确提出校本课程管理与改进的措施；体现了对人、财、物、时空、信息等资源的整合；保障措施（特别是组织、教师培训）全面、可落实且是关键；总体上清晰地呈现了"谁来做，做什么事，做成什么样"等。

"合管用"维度主要考察校本课程是否落实了校本课程的政策意图，解决了校本课程面临的实际问题，可以相应地分解为若干具体条目。比如，满足了国家和地方课程无法满足的学生特色发展和兴趣爱好特长发展需求；发挥了区域特色文化的传承作用；增强了学生家庭、家乡、家国情怀和身份认同；促进了学生对于前沿领域的学习和新时代发展要求的了解等。

"合一致"维度主要考察校本课程方案整体上是否协调一致，可以相应地分解为更加具体细致的条目。比如，校本课程开设的政策依据、学情依据和实践依据之间相互协调一致;校本课程结构、实施与保障三者具有内在的一致性;校本课程结构与校本课程目标具有内在的一致性;校本课程的结构或类别在逻辑上比较周延;学年、学期、周课时符合上级课程方案的规定;各门校本课程的科目名称比较规范;有一两门针对学生需求或学校特色的特色课程等。

校本课程方案评价可以在四个维度及其条目基础上,运用分数或等级作出评定结果,也可以运用评语和建议给出评定结果。

(二)教师层面的课程方案评价

1. 教师层面课程方案评价基本思路

教师层面课程方案评价主要涉及学期课程纲要和教案的评价问题。就课程纲要的构成要件而言,原则上应包括对课程背景、课程目标、课程内容、课程实施、课程评价以及课程开设所需条件等的分析、设计和说明。就教案的构成要件来看,原则上应包括对单元主题、学情分析、学习领域、课时分配、课时目标、教学重点、评价任务、情境创设、教学资源、活动环节与时间配置、作业布置等的分析、设计和说明。

教师层面课程方案评价的维度选择,除了采用合目的、合好用、合管用、合一致这四个方面之外,也可以根据不同的评价需要和理解等情况采用其他维度。比如,可以从技术和理念的角度来谋划教师层面的课程方案评价,基本思路是要件完整、内容匹配、整体一致和理念先进。

其中,"要件完整"主要是考察课程方案是否涵盖相关课程、教学的基本构成要件,以保证课程方案的基本专业规范。比如,课程纲要是否涵盖背景、目标、内容、实施和评价等课程要件,教案是否涵盖单元主题、学情、内容、课时、目标、重难点、情境、资源、环节和作业等教学要件。

"内容匹配"主要考察课程方案是否在课程、教学基本要件的分析、设计和说明与要件本身的内涵之间具有内在的协调一致性。比如,课程目标项下,分析、设计和说明的就是课程目标本身,而不是其他相关甚或不相关的因素,不偏离目标本意,不跑题,不东拉西扯,不拖泥带水。其他(如内容等)要件项的分析、设计和说明,也是如此。

"整体一致"主要考察课程与教学的要件和要件之间是否具有内在的一致性,是否相互呼应、环环相扣,相互之间是有逻辑主线的。比如,从背景或学情就能大致看出目标设计时的一些联系,从目标上大致就能看出教学方式的特点和要求等,它们都是从不同侧面或局部在说明课程、教学怎么做和为什么这么做的事情,它们共同构成课程、教学的有机整体,是部分与整体的关系。

"理念先进"主要考察课程、教学的价值取向,特别是为谁培养人、培养什么人、怎样培养人等上位的教育要求如何具体落实为体现社会进步和时代发展要求的指导思想、观点、主张等观念形态,赋予课程、教学以怎样的思想和灵魂,追求怎样的课程、教学发展方向、格局和品质等。比如,从目标到内容再到教学环节和评价机制,是学科本位、知识本位,还是学生本位、素养导向,是教师讲授为主还是学生学习为主,是立德树人还是应试唯分等价值取向都要作出明确的选择和表述,并体现在对课程、教学的构成要件的分析、设计和说明等表述中。

教师层面课程方案评价以上述维度和分项条目为依据,既可以作出质性的评述,也可以作出定量的评分或评定等级。

其实,教师层面课程方案评价,在遵循评价技术基本规范的前提下,还可以开发出更多的评价思路、办法和工具。

2. 教师层面课程方案评价例释

以教师层面的校本课程纲要为例,真爱梦想杯全国校本课程大赛的课程纲要评审表,就曾采用先进性、一致性、技术性和原创性等维度,分解为若干指标和等级等项目,形成评审表,作为教师层面课程方案评价基本工具,用于教师课程纲要的评审工作(如表5-2所示)。

表5-2 校本课程大赛评审表

课程名称		作品编号				
维度	指 标	优 22—25	良 18—21	中 14—17	差 <14	维度总分
先进性	1. 符合国家课程方案,每学期至多32课时					
	2. 代表素质教育方向(当今社会对学生素质的新要求)					
	3. 课程设计体现相当的专业性和可推广性					

续 表

维度	指　　标	优 22—25	良 18—21	中 14—17	差 <14	维度总分
一致性	4. 反映学校教育哲学和学生课程需求（必要性）					
	5. 整合了现场可得到的人力、物力、财力、时空、信息等资源(可能性)					
	6. 课程纲要的要素(背景、目标、内容、实施和评价)描述完整、规范					
	7. 课程纲要体现目标、内容、实施、评价的一致性					
	8. 教案体现目标—评价—教学过程的一致性					
技术性	9. 目标描述三维呈现,清晰、完整、适切、规范					
	10. 内容或活动的选择针对目标,按单元或模块组织					
	11. 课时安排合理(第一节课分享课程纲要;过程安排有利于学生学习;最后部分有评估活动)					
	12. 教学过程突出活动性、趣味性和问题解决策略,体现学习方式的多样化、适切性					
	13. 学期评价政策清楚;课时评价活动聚焦目标					
原创性	14. 课程主题的挖掘体现原创性					
	15. 课程设计依据充分(学生需求、本单位特色或地方特性)					
	16. 突出过程评价,实施与评价设计有创意					
总评						

二、乡村学校课程实施过程与效果评价

乡村学校课程实施过程与效果,主要体现为学校教学活动的开展和取得的成效,所以关于学校课程实施过程与效果的评价,主要是考察教学过程的质量

与水平以及学生所获得的影响和进步。

(一) 教师的教学过程和效果评价

1. 评价原则

(1) 发展性原则。

教师教学评价的根本目的,是为了更好地促进教师的发展,提高教师的综合素质和教学水平,为学校实施素质教育提供保障。同时,也要适当兼顾甄别和选拔的需要。

(2) 全面性原则。

教学评价既要重视教师的教学业务表现,又要重视教师在教学工作中的师德表现;既要重视教学,又要重视科研;既要重视教学成绩,又要重视教学过程;既要重视课堂教学,又要重视教学设计、作业批改、课外辅导和学科课外活动指导。

(3) 多样化原则。

教学评价应该避免单一的方法和主体,运用多种方式方法,让更多类型的利益群体参与教学评价。比如,可以采用教师自评与他评相结合的方式,以自评为主。校本评价与外聘专家评价相结合,以校本评价为主。在评价过程中,既可以听课,又可以审查书面材料;既可以听取学生的反映,又可以听取教师同行的意见;既可以问卷调查,又可以组织座谈;既可以书面测试,又可以口头答辩。对教师的教学评价,不仅要注重结果,更要注重发展和变化过程。要把形成性评价和终结性评价结合起来,使发展变化的过程成为评价的组成部分。总之,要不断研究便于评价者普遍使用的科学、简便的评价方法,探索有利于引导教师进行积极的自评与他评的评价方法。

(4) 个性化原则。

教学评价既要有统一要求,又要兼顾个性特色。在统一评价标准的基础上,不同目的、不同学科的评价,可以有不同的评价要求;有些富有改革创新精神的教师,在教学中进行了独创性的改革实验,可以破格予以更多的鼓励性评价。

2. 教师教学评价内容

(1) 教学设计评价。

教学设计要体现课程改革精神,主要从下列几方面进行设计:

① 分析教学内容。教师通过课程标准的学习，明确了一门课程的总体要求。在此基础上，就要进行一册教材、一个单元乃至一堂课的教学。为此，就必须熟悉其具体内容，了解学生需要学习哪些知识和技能，发展哪些智力和能力，培养哪些情感和态度，而解决教师"教什么"和学生"学什么"的问题。

② 分析教学对象。分析和了解学生的情况，掌握他们的一般特征和初始能力是做好教学设计的基础。因此，要分析学生的生理、心理特点，从事某项学习的知识和技能的储备状态，并据此进行教学设计。

③ 设计教学目标。教学目标主要是要明确，通过教学活动以后，学生应该掌握哪些知识和技能，发展哪些智力和能力，培养哪些态度、情感、价值观，并用可观察、可测定的术语精确地表达出来。

④ 设计教学策略。教学策略主要解决教师如何教和学生如何学的问题。它包括教与学的方法的确定、教学媒体的选择、教学过程的安排等内容。要求教学流程清晰；教学方法具体、明确，体现学生自主、合作、探究的学习方式；教学手段的运用能实现与学科内容的整合。

⑤ 设计教学评价。教学评价包括诊断性评价、形成性评价、终结性评价三部分，其目的是为了了解教学目标是否达到，并作为修正设计的依据。

（2）课堂教学评价。

课堂教学评价，首先要考察教师的基本素质状况、对教材的理解和处理能力；其次要考虑其教学目的的确定、教学方法的选择、教学手段的应用是否符合课程改革的精神要求；再次要考察教师的教学情感，看他是否注重学生的学习状态和情感体验，尊重学生人格和个性，善于营造和谐、愉快的课堂气氛；最后，要考察教学效果，看大多数学生是否能达到教学目标，使不同程度的学生都在原有基础上有所提高和发展。

确定课堂教学评价指标体系，既要体现课堂教学的一般特征，又要为不同学科和不同条件的课堂教学留有可变通的余地，提倡创新，鼓励个性化教学。还要符合当前课堂教学改革的实际，做到可观察、可测评，简单易行，便于操作。

（3）学生作业批改评价。

要求作业量适中，作业管理要立足于减轻学生的课业负担，避免重复劳动；选题要精，覆盖面要广，要有层次性；既要有全体学生都必须完成的作业，又要有供部分学生选用的作业。学校应根据教学质量管理的政策要求,规范教师作业布置以及检查与批改的行为,并提倡多样化的、富有实效的作业检查或批改方式。作业要有一定的批改量,有评价性语言,有反馈性信息。作业的形式除了书面作业外,还要鼓励其他自主性、活动性和探究性更强的作业形式。

(4) 课外辅导评价。

课外辅导是课堂教学的延续,是使教学适应学生个别差异,贯彻因材施教原则的有效措施。其任务主要是培优补差,特别是在教学机制上保障对学习困难的学生进行个别化的学习辅导和帮助。

(5) 教学成绩评价。

学生的学习成绩和素养发展水平是教师教学评价的一个重要依据。要以各学科课程标准的达成度作为衡量学生学习成绩的依据,既要看知识与能力的成绩,也要看"过程与方法、情感态度与价值观"的收获;既要看考试成绩,又要看学生参加学科活动及其他学习活动的表现;既要把学生的学习成绩作为评价教师的内容之一,又不能给予过大的权重。

(二) 学生的学习过程和效果评价

1. 诊断性评价

诊断性评价主要是在特定教学和学习活动开始之前,判定学生的前期准备。它要解决的问题为:学生是否已经掌握了参加教学活动所需的知识与技能;在多大程度上学生已经达到了预期的教学目标;学生的兴趣、习惯以及其他个性特征显示何种教学模式最为合适。

教师可以制定相应的测试题、问卷等形式的调查量表,从这种前测中反映出的信息可以作为教师教学的决策依据。

2. 形成性评价

形成性评价主要在于不断地反馈学生学习的情况,哪些知识已经掌握,哪些知识还没有掌握,或在掌握的过程中出现了哪些问题和偏差等,主要通过设计成长记录袋、学习或活动中的表现等来进行评价,评价方法主要以观察法和测验法为主。

3. 学习后的总结性评价

总结性评价可以是阶段性的总结性评价和期末、年末的总结性评价等,主要对学生这一阶段的学习发展状况和学业成绩进行一次整体综合性的检验,检验形式可以是作业题、测验、实践操作、情景测试等。

三、评价即学习的改革动向

乡村学校课程评价,不能局限于在乡村学校的局部世界中,而应该超越乡村学校局限,不忘本来,吸收外来,面向未来,了解和掌握前瞻性的课程评价理念与改革动向,推动学校教育教学质量和水平的整体提升。其中,评价即学习的评价改革理念与实践,就是值得高度重视的评价改革动向。

从评价与学习的关系来看,传统的课堂评价形式主要是对学习的评价(assessment of learning,简称 AoL),是对学生学习结果的评价,旨在检验课程学习目标的达成情况,向学生家长、教学管理人员等群体报告其学业表现,并不是直接指向通过评价来提高学生的学习成绩。

许多研究证明,评价,尤其是课堂评价对学习具有重要的促进作用。英国学者布莱克和威廉综合了 250 多项关于评价和学习的研究,发现在课堂中有意使用评价来促进学习时能够提高学生的成绩,而花费大量的时间在对学习结果的评价上却并不一定能提高学习成绩。另外,当教师利用课堂评价意识到学生带入学习任务中的知识、技能和信念,以先验知识作为新的教学起点,并随着教学的进行监测学生不断变化的观念时,课堂评价就会促进学习。① 在此基础上,研究者们提出"为了学习的评价"(assessment for learning)的理念,并持续探索课堂评价改革。除英国外,新西兰②、澳大利亚、加拿大等国家的研究者群体也都开始重视这种评价在课程与教学改革中的作用,积极推进为了学习的评价实践。

为了进一步强化评价对学习的促进作用,加拿大教育学者厄尔在其著作《评价即学习:运用课堂评价使学生学习最大化》(Assessment as Learning: Using Classroom Assessment to Maximize Student Learning)一书中,首次明确

---

① Black P., William D. Inside the Black Box: Raising Standards through Classroom Assessment [J]. Phi Delta Kappan, 1998(2): 139—144, 146—148.
② Clarke, S. Unlocking Formative Assessment (New Zealand Edition) [M]. Auckland: Hodder Education, 2003.

提出并系统论述"评价即学习"(assessment as learning,简称 AaL,也译为"评价即学习")的概念,旨在强调学生的自我评价对推进自身学习的价值。①

从对学习的评价,到为了学习的评价,再到评价即学习,体现的是评价权力与主体的转移和过渡,即从学校管理者到教师再到学生的评价主体转移。② 这是课程评价改革的重要动向,值得高度重视。

(一) 课程评价的内涵转变

1. 评价即学习侧重于知识掌握过程和元认知发展

评价即学习是从对学习的评价中衍生和发展起来的,具有其自身的独特性,理解其内涵是教师顺利规划和运用此种评价的重要前提。评价即学习基于这样一种假设:自我评价是问题的中心,它强调将评价作为发展和支持学生学习的一个过程。其最终目的是让学生获得技能和思维习惯,并随着独立性的提高获得元认知意识。

什么是元认知?简单地说,就是学生能够设定个人学习目标、监控自己的学习进展、确定下一步的学习步骤、反思自己的思维和学习策略。相对于获取知识而言,元认知是更为基础、更为内在和更具后劲的学习过程与能力。

具体而言,这种监控性元认知包括:(1)学习这些概念和技能的目的是什么?(2)我对这个主题了解多少?(3)我知道哪些策略能够帮助我学习这些知识?(4)我是否理解这些概念?(5)提高学习质量的标准是什么?(6)我是否能完成我为自己设立的目标?③

厄尔之所以引入"评价即学习"这一新概念,就是为了加强和扩展形成性评价对学习的重要性,强调学生作为评价和学习之间的关键纽带作用。"评价的最终目的是让学生评价他们自己"④,在课程学习过程中,学生在教师的指引下追踪自己的学习进展,用批判性的眼光看待自己的表现,并制定相应的改进策略,作出建构性的决定。当他们将需要知道的和具有挑战性的假设内化为个人

---

① Earl, L. M. Assessment as Learning: Using Classroom Assessment to Maximize Student Learning (First Edition)[M]. Thousand Oak, CA: Corwin Press, 2003.
② Earl, L. M. Assessment as Learning: Using Classroom Assessment to Maximize Student Learning (First Edition)[M]. Thousand Oak, CA: Corwin Press, 2003: 21—28.
③ Schraw, G. Promoting General Metacognitive Awareness[J]. Instructional Science, 1998: 113—125.
④ Costa, A. L. Reassessing Assessment[J]. Educational Leadership, 1989(7): 2.

的思维习惯时,他们便逐渐成为形成性的独立学习者,此时的评价不再仅仅是对学习结果的评价,而是把整个学习过程作为评价的过程,评价与学习相互交融在一起,评价成为学生学习过程的有机组成部分。学生作为自己的评价者,收集代表自身学习进展的各类证据,得到的评价结果更多地是用于为学生个人或小组制定下一阶段的学习计划提供参考。

2. 对学习的评价侧重于学习结果和目标达成情况

对学习的评价是当前在学校评价中最主要的评价形式,也是一种较为传统的评价形式,是发生在某一课程学习阶段(如一个教学单元、一个学期等)结束之后,由外界(如教师、教育管理人员等)对学生学习结果的评价。它的最终目的是为了确认学生学到了什么,验证他们是否达到了课程学习结果或课程计划的目标,或者为了证明其对知识的掌握程度以为未来的计划和安排作决定,它并不太关注学生学习的过程,而是更加关注学生对概念、思想等的掌握程度。其特点是具有公开性,表现为评价结果不仅指向学生,还包括为学生的父母、其他教育管理者提供学生进步和成就的总结报告,有时也可能是为教育机构或用人单位提供关于学生成就的证据。[1]

在学校,大部分课堂评价活动都是对学习的评价,尤其在中学阶段会更明显,教师通过掌控考卷的编制和评分等权力,利用考试手段来确定学生学习的数量和准确性,并作出评分或评级的决定。尽管因有助于作出影响学生未来的决定,对学习的评价已被公众广泛接受,但考试与分数仍然备受争议。考试内容局限于狭隘的知识,而评分和评级只是符号化的代表,并不能囊括学生掌握的众多知识和技能,过于强调分数和等级的重要性,便容易导致把学生分成三六九等和竞相攀比等影响了学生学习积极性的现象,关注重心在于比较学生之间分数和等级的高低及知识掌握程度的多少,确定学生个人在集体中的相对位置,而忽略了向学生提供具有发展性的指导和建议等这些更有教育意义的事项。

随着教育越来越成为学生未来成功的重要因素,人们不仅开始关注分数如何计算,而且更关注分数背后反映的学生学习情况。当然,值得注意的是,对学

---

[1] Mutcha, C. Assessment for, of and as Learning: Developing a Sustainable Assessment Culture in New Zealand Schools[J]. Policy Futures in Education, 2012(4): 374—385.

习的评价对于在学生成长过程中的一些关头和转折点而言,十分关键,但更重要的是在操作过程中应尽量保证评价的准确性和公平性。

(二) 课程评价的理论基础转变

1. 评价即学习以建构主义学习理论为基础

评价即学习是以建构主义学习理论为基础的,建构主义学习理论对知识和学习提出了新的理解。知识与学习紧密相关,对知识的不同理解也反映在学习观上。建构主义学习理论反对过去将知识看作是客观的、固定的和一成不变的知识观,认为知识并不是存在于外部世界的某种东西的模写,知识具有主观性,由学习者个人主动建构而成。学习者并不是一张白纸,他们具有一定的知识经验积累,对知识拥有各自独特的见解,他们在教学中不是被动地接受教师的教学灌输,而是通过将新知识与头脑中原有的知识相联系,将旧知识运用于新知识的学习中,从而建构起属于个人的知识,可见每个人掌握的知识程度和水平受限于原有的知识经验,也受限于学习者将新知识与先验知识进行联系的倾向性。

建构主义学习理论带来了知识观与学习观的深刻变革,也促进了课程与教学领域中课堂评价的重大变化,它为我们提出了如何促进"每一个学习者的学习"的课题,也就是寻求这样的"学习":基于体验与活动的、关注学习者内在的兴趣爱好的学习,以及关注以学习者的整体成长与发展为轴心的每一个学习者的学习。[1] 让学生充分参与学习过程,这个过程是师生积极对话、共同合作、相互支持的过程,学生通过教师搭建的支架辅以学习,逐步实现最近发展区的发展,再反过来推动教师的教学进展。要促进每位学生学习经验的发展,就必须追踪和记录学生学习的轨迹,由此区分和判断何种经验对于学生学习有益,这就对传统的只关注学习结果呈现的分数和等级的评价形式提出了挑战。

20世纪80年代以来,在关注以核心标准和外部测试为主要特征的教育评价的同时,越来越多的教育学者关注到评价过程的重要性,以及通过让学生参与评价过程改变学生学习的作用。评价即学习正是这种评价发展趋势下的产

---

[1] 钟启泉.建构主义"学习观"与"档案袋评价"[J].课程·教材·教法,2004(10):20—24.

物,它以关于学习如何发生的研究为基础,强调学习不是由经验渊博的人向缺乏经验的人进行知识传递的过程,而是学生主动参与创造自己对知识和学习的理解的过程,是学生积极开展认知重组的过程。学生对自己的学习进行反思和调整,以便实现更深层次的深度学习。

2. 对学习的评价以行为主义学习理论为基础

对学习的评价深受行为主义学习理论和心理测量学的影响。行为主义是20世纪六七十年代在心理学领域占据主导地位的理论流派,其基本观点是:学习是刺激与反应之间的联结。行为主义认为,知识是各种特定反应的组合,通过不同的方法施加刺激可以使学习者产生预期的反应,而这些反应可以通过课程计划和评价标准中明确的行为目标来表现。布鲁姆的目标分类学正是基于这一思想形成的,如若学习者达到了预先设置的行为目标,则可以进入下一阶段的学习,否则就继续先前的学习,直到满足要求为止。

在这一知识观的指导下,行为主义主张,学习者的学习可以通过有准备的行为加以塑造,其目的是实现学习迁移,即学习者能够将所学知识运用到其他情境中。知识具有预先固定性,是通过教师设计的一些程序对学生施加一定的刺激而得到的结果。教师是教学过程的设计者和组织者,学生在教师的教学安排下被动地接受其传授的知识经验,而知识掌握的程度则取决于机械性的反复练习和教师提供的总结性反馈。

行为主义学习理论强调知识和学习的计划性、固定性、程序性和科学性,对于教育领域中评价的发展具有重要影响。对学习的评价就是在这样的思想影响下形成的,它正是基于这样一种理念:学生的学习结果可以通过明确的、可观测的、可测量的统一目标和要求来规定。因此,对学习的评价重视阶段性学习的最终反馈,将学习结果与预先设立的目标进行比对,由此决定未来的规划,重视测验和考试也是行为主义指导下学生评价的表现。

(三)课程评价的师生角色转变

1. 学生角色从评价对象变为自评主体

在传统的对学习的评价中,学生发挥的作用很小,他们在其中的角色仅仅是被评价的对象,具体表现为学生通过一个阶段的学习产生学习结果,通过考试等形式被教师赋予分数或等级,它们被用于检验学习结果与课程预期之间的匹配程度。

评价即学习强调学生个体的自主性和价值的发挥,强调学生不再只是第二位的存在,不仅仅是被评价的对象,更是自评主体。斯蒂金斯(Stiggins)提出,"只有开放评价的过程,让学生完全参与进来,课堂评价才能最大程度地发挥它的效益",学生在评价过程中扮演重要角色,要让他们认识成功的标准,参与目标的制定,知道"好学生"意味着什么,需要做到哪些。[①] 学生是课堂评价的主体,他们在教师的帮助下,通过设立学习目标、开发评价标准、进行自我评价,在持续性的反馈中发现自身学习存在的优点与不足,学会监控和管理自身学习,成为一名独立的学习者。

2. 教师从评价实施者变成合作评价人

教师作为知识的传授者、课堂教学的实施者,在对学习的评价过程中承担评价主体的角色,处于主导地位。作为施评者,教师的主要任务是赋予学生在课程学习之后通过测验、考试等形式的考核获得的分数或等级,以验证学生的学习效果在多大程度上满足了课程预期或在标准化测试中所处的位置。教师掌握了评价的权力,与学生在评价中并不是平等的关系,缺乏与学生之间的沟通与合作。

在评价即学习中,教师不再是评价的唯一实施者,评价也不再仅仅是教师的责任,它更加强调学生成为评价的实施者,学生和教师共同承担评价的责任。教师通过设计教学活动让所有学生参与其中,思考和监控自身学习的教学,帮助学生成为独立的学习者,教师的角色是学生学习评价的合作者和指导者。

3. 师生目的从判定学习结果转向促进学习

在对学习的评价中,学生只是被评价对象,缺乏自主性,教师评价的重点是课程目标的达成程度和学生考试成绩、等级的高低,重在判定学习结果。也就是说,在对学习的评价中,由于评价目的对于学习改进的偏离,它往往过多地关注学习结果和评价结果,突出分数和等级的重要性,在很大程度上并不能促进学生学习。为保证评价顺利进行以及学生学习结果评价的公平性和准确性,教

---

① [美] Stiggins R. 促进学习的学生参与式课堂评价[M]. 国家基础教育课程改革"促进教师发展与学生成长的评价研究"项目组,译. 北京:中国轻工业出版社,2005:4.

师自身需要从各种各样的学习情境和应用中获取关于学生学习的证据,以此为基础来报告学生的学习情况。

评价即学习以让学生成长为独立的学习者为根本目的,无论是教师还是学生,在评价过程中始终关注的重点都是促进学习。具体而言,教师可以通过以下途径推动学生成为独立学习者,促进学生学习[1]:

(1) 示范和教授自我评价技能;

(2) 指导学生设立目标并监督他们朝目标进展;

(3) 提供反映出课程结果的优秀实践和高质量工作的范例与模型;

(4) 与学生一起开发优秀实践的清晰标准;

(5) 指导学生建立内化反馈或自我监控机制,以验证或质疑自己的思维,并逐渐习惯在学习新事物遇到不可避免的模糊和不确定性;

(6) 提供定期的有挑战性的练习机会,以使学生成为自信的、有能力的自我评价者;

(7) 监控学生的元认知过程,管理学生的学习,并提供描述性反馈;

(8) 创造一个安全的环境,使学生能够安全地尝试并随时得到支持。

总之,在评价即学习中,学生是评价对象,也是评价主体,教师是评价实施者和学生的合作评价人,师生评价的重点都是促进学习。

(四) 课程评价的设计技术转变

1. 评价基本结构转变

学习不是一个线性的过程,评价也不是学习的终点,教学并不是夹在课程与评价之间的"三明治"。事实上,课程、教学、学习和评价四者是反复,甚至有时是循环的过程,但这并不意味着它们之间是相互孤立、互不联系的。相反,它们之间的相互联系才是关键。[2] 学习目的与评价、课程紧密相连,因此无法将两者孤立开来单独规划。也就是说,课堂评价的规划与学习目的密不可分,且作为课程规划的重要环节而存在,在评价的规划与操作过程中必须充分结合学生

---

[1] Earl, L. M. & Katz. Learning in a Data Rich World[M]. Thousand Oak, CA: Corwin Press, 2006.

[2] Earl, L. M. Assessment as Learning: Using Classroom Assessment to Maximize Student Learning (Second Edition)[M]. Thousand Oak, CA: Corwin Press, 2013: 91.

的学习情况。

尽管两种评价都指向学习,但评价即学习和对学习的评价却存在许多不同之处,最终评价目的的差异决定了两者在评价的内涵、内容、主体、方法、结果以及结果使用等方面都不同的具体规定特性(见表5-3),因此在操作时考虑的步骤也各有特点。

表5-3 评价即学习和对学习评价的基本结构比较

项　　目	评价即学习	对学习的评价
评价的功能	评价作为学习过程	评价是检验学习结果的工具
评价的实施者	教师、学生、学生同伴	教育管理人员、学校领导、教师
评价的主体	学生	教师
评价的内容	学生掌握知识及元认知情况	学生对知识的掌握情况
评价的方法	档案袋、日志记录等过程性方法	测验、考试等评分工具
评价的时间	贯穿整个学习过程	阶段性课程学习结束后
评价结果的呈现	描述性反馈	分数、等级等符号性反馈
评价结果的使用	反思、监控学习的证据	支持专业性判断的证据

2. 评价的关注重心转变

教师作为课堂教学的实施者与主导者,需要全面规划评价,从多方面考虑如何设计和实施评价,以达到评价的目的。马尼托巴省教育(Manitoba Education)提出,教师在规划、开发和使用评价方法时,需要思考课程和其学生的情况,使评价目的、方法及工具与其教学策略的选择保持一致。

具体而言,教师要明确五个问题:(1)我为什么评价?(2)我评价什么?(3)我用的评价方法是什么?(4)在评价过程中我如何确保公平?(5)我如何使用评价信息?[①]

评价的目的不同,教师在规划评价时每一环节的考虑的内容也有所差异,评价即学习和对学习的评价在五个方面也有其不同之处(见表5-4)。

---

① Manitoba Education and Youth. Senior 2 Science: A Foundation for Implementation [EB/OL]. http://www.edu.gov.mb.ca/ks4/cur/science/found/s2/2003.2019-5-18.

表 5-4 评价即学习与对学习的评价规划纲要比较

步 骤	评 价 即 学 习	对学习的评价
我为什么评价?	为了指导并为每位学生提供机会,每位学生监控和批判性地反思自己的学习并确定下一步的步骤	展示、告知家长或其他人关于每位学生对课程学习结果的熟练程度
我要评价什么?	每位学生对自己学习的思考,用于支持或质疑何种学习的策略以及用于调节和改进自身学习的机制	学生能够在多大程度上应用与课程结果有关的核心概念、知识、技能和态度
我用的评价方法是什么?	用来获取关于学生学习和他们的元认知过程的详细信息的各种方法,如观察、对话、学生的日志记录等	体现学生的学习产品和证明的各种方法,如测验、考试、档案袋、展览、报告等
我如何确保评价的质量?	学生自我反思、自我监控和自我调节的准确性与一致性;学生进行思考和质疑自己的想法;学生记录自己的学习情况	判断的准确性、一致性和公平性;清晰、详细的学习期望;公平、准确的总结性报告
我如何使用评价的信息?	为每位学生提供准确的描述性反馈,帮助学生养成独立的学习习惯;让每位学生专注于任务和学习(而不是得到正确答案);为每位学生提供调节、反思和表达学习想法的机会;为教师和学生提供讨论替代性学习方案的条件;学生报告自己的学习情况	指出每位学生的学习水平;为讨论学生的安排和发展提供基础;报告公平的、能够用于决定学生下一阶段学习的准确、详细的信息

3. 评价转变例释

在评价即学习的变革趋势下,本书呈现了以下操作案例:

A 老师开始与学生一起解决各门学科领域的复杂问题,教师知道独立成功解决问题的关键是坚持,也知道学生必须学会明确地思考他们解决问题的方法并且能尝试一系列的可能性。教师根据五个基本问题进行评价的规划:(1)评价的目的:想帮助学生发展问题解决意识以及坚持的水平,以使他们能够在各种情境中提高学习能力。(2)评价的内容:评价学生监控他们自己思维过程的能力以及在解决复杂问题时坚持的策略。(3)评价的方法:学生需要频繁的机会来思考和监控自己在面对复杂问题时的坚持水平,他们还需要工具来表达自己的努力。方法需要引出学生学习和元认知过程的证据。而 A 老师则需要观察学生的学习、分享他们的思考,以及与他们谈论他们的学习。(4)确保评价的质量:需要确保学生在解决问题时能够辨认坚持的表现,并且他们能够对自己的坚持作出合理的一致的判断。还需要确保学生在解决复杂的问题时,保持对他们坚持的自我评价的相关记录,这一记录需要随着时间的推移加以保存,以显示变化。(5) 评价信息的使用：通过理解和重视学生的思维，A老师能够支撑他们的成长，为进一步形成思维习惯提供指导，以促进学生在任何学习情境中的坚持性。学生将能够利用对自己坚持性的意识和技能来提高各种情境中的学习。

与此形成对比的是，对学习的评价操作案例：B老师对评价学生掌握在加拿大努纳武特地区环境中生存所需的现代和传统技能感兴趣，他对学生的评价规划如下：(1) 评价目的：了解每位学生掌握的生存技能以及他们是否愿意在自然环境中生存。(2) 评价内容：评价每位学生对传统和现代生存技能的表现。(3) 评价方法：需要这样一种方法，即学生能够展示自己学习的传统生存技能，选择的方法还需要能够让教师自己确定哪些技能学生没有掌握。(4) 确保评价质量：首先需要明晰的标准，即学生是否成功地展现了该项技能。要给学生提供充分的机会，让他们在不同情况、不同时间展示这些技能。(5) 评价信息的使用：在了解了每位学生掌握的技能之后，将这些信息报告给学生和他们的父母，利用这些信息来确定每位学生的学习路径。

随着认知科学的发展，教育越来越关注学生在学习中的成长，课堂评价也越来越关注学生学习证据的重要作用。以对学习的评价为主的学生评价过于注重学习结果，只适合某一特定时间点的需求，而将学生的学习过程作为评价的过程和内容，将评价的过程作为促进学生学习的重要途径，亦即评价即学习，必将是课堂评价的发展趋势。

不过，对教师而言，这又是一种新的挑战，需要出台更多政策和提供更多研究成果，以更好地支持教师的教学评价实践。

思考与讨论

(1) 有人认为，课程也好，教学也罢，学生成绩最重要，所以课程评价只要抓住效果评价就可以了，没必要抓方案评价和过程评价。对于这样的观点，我们应该怎样看待？

(2) 按照"评价即学习"的理念，现行教学设计需要作出哪些改变？

专题六

乡村学校课程管理

引 言

乡村学校课程管理是乡村学校为保证课程顺利运转而采取的行政措施及其执行机制,包括围绕学校课程事项推行的厘定职责与分工、建章立制、过程监控与督导、申诉与复议、奖励与惩处等制度建设和保障措施。

如果从狭义的角度理解,乡村学校课程管理主要包括国家和地方课程的校本化实施管理,以及校本课程的特色化开设管理。如果从广义的角度理解,乡村学校课程管理还应该包括教学过程管理、教研培训管理,以及教学绩效考核和学业成绩管理等更多学校课程运行实务。

专题重点

- 乡村学校的国家和地方课程实施管理
- 乡村学校的校本课程开设管理
- 乡村学校的教学常规管理

一、乡村学校的国家和地方课程实施管理

乡村学校课程实施和开设管理主要集中在国家课程、地方课程的校本化实施,以及校本课程特色化开设的管理制度、机制建设及其运行过程上,重点是保障三级课程管理政策能够在乡村学校层面得到贯彻落实。

(一)国家和地方课程实施管理事项

国家和地方课程的校本化实施,指向的是学校从学校自身实际情况出发,创造性地执行国家课程方案和课程标准,更好地实现国家课程的目标。其中包括学校根据国家课程政策和课程方案以及地方课程政策要求,结合学校的特点和条件,就国家和地方课程的课程资源、单元进度、授课顺序、教学方法等课程议题,进行自主决策,建章立制,明确分工和职责,做好过程监控与督导、考核与问责、奖励与惩处等课程行政工作。

如果以例举的方式呈现的话,国家和地方课程校本化实施管理事项包括:

- 制定和执行学校年度课程实施计划。

- 制定和执行有关课程实施管理制度。
- 组织学校骨干教师开展课程领导力研训活动。
- 备课研读与管理。
- 上课管理。
- 作业管理。
- 学业考核与评定管理。
- 教案管理及教学经验总结反思与交流研讨。
- 学校课程实施质量考核与管理。
- 教师教学业绩考核与奖惩。
- 学生发展状况和学业成绩报告。
- ……

（二）国家和地方课程实施保障事项

国家和地方课程实施管理，除了课程行政措施和运行机制外，还有一些与之相配套的保障与服务措施。这些保障与服务措施包括制度保障与服务、物质保障与服务、组织及人员保障与服务等方面。

（1）在制度保障与服务方面，可以包括：

- 在国家课程政策范围内，明确和履行学校、教师和管理者课程实施管理权责。
- 构建学校课程实施管理制度，规范学校课程实施行为，确保师生的课程实施权益。
- 建立学校课程实施研讨、激励、监督、问责和奖惩制度。
- ……

（2）在物质保障与服务方面，可以包括：

- 纸介质、电子版和网络版教材、教学辅导书、练习册等课程资源支持。
- 教室、操场、体育馆等场馆，以及相应的教学设备、教学设施、实验教学条件和消耗材料等物质条件课程资源支持。
- 网络教研、备课等信息化课程资源的支持。
- 课程实施过程中课程资源创生、更新与案例示范支持。
- ……

（3）在组织及人员保障与服务方面，可以包括：
- 明确课程实施研究、推进与协调的责任部门和责任主体。
- 明确课程实施监督部门和责任主体。
- 建立课程实施专业支持联系渠道，获取专家学者专业指导与智力支持。
- ……

二、乡村学校的校本课程开设管理

对于乡村学校而言，国家和地方课程实施管理更多地采取校本化的行政措施保障时，实施过程会更加顺畅，因为课程研制工作主要是由国家和地方职能部门负责组织完成的。但是，校本课程开设却不一样，学校既要负责组织开发，又要组织实施，这就使得校本课程开设管理工作更加具有学校自身的特点。

（一）校本课程开设的学校自主管理

相对于统一的国家课程的实施来讲，校本课程开设则由学校根据课程政策和课程设置方案的具体要求自主决定。从理论上讲，校本课程开设管理的基本原则是学校自主管理。特别是，在开设什么课、怎么开设、怎么评价等问题上，国家和地方不可能一刀切，不必也不可能作出过于具体和细致的统一规定，而只能是提出一些方向性的政策要求和操作原则。在校本课程开设的具体决策和操作事项上，学校拥有非常大的自主权。

当然，校本课程开设的学校自主管理，并不是任由学校毫无限制的任意作为，而是有着明确的课程政策要求、专业规范和基础条件的。一方面，学校的课程实施方案包括校本课程开设方案，需要根据要求向上级主管部门报备，接受主管部门乃至家长和社会的监督、检查与问责。而且，上级主管部门对于校本课程特色化开设的管理更多是一种底线管理，即只要校本课程特色化开设遵循基本的政策底线，主管部门就不会干预学校校本课程的特色化开设行为。比如，校本课程开设，不能违背党和国家的法律法规和教育方针政策；不能违背学生身心发展规律；不能把校本课程课时用于补习国家课程，特别是用于考试科目的学习；不能无故不开设校本课程等，这都是主管部门要进行监督和指导的课程管理事项。另一方面，学校要围绕校本课程开设建立相应的管理制度，强化自我管理和自我监督机制，规范校本课程开设的作业流程，组织开展校本课程开设专题研讨和专业研修活动,优化和推广校本课程开设的先进经验与有效做法,不断提升校本课程开设的政策意识和专业水平。

(二)校本课程开设管理细则例释

为保证校本课程开设的顺利进行,每一所学校都可以依据课程政策和课程方案设置的要求,结合学校自己的实际制定相应的校本课程开设管理细则。

下面提供的是江苏省锡山高级中学校本课程管理细则,可以为我们研究和制定校本课程开设管理细则时提供某种参考和借鉴:

为了保证锡山高级中学校本课程正常有序开设,规范管理,提高质量,特制定"锡山高级中学校本课程管理细则",具体内容如下:

1. 校本课程的申报与遴选

(1)成立校本课程开发委员会(以下称课委会),负责锡山高中校本课程规划与审定,发布校本课程开发指南。

(2)课委会由校领导、教师代表、课程专家和学生代表组成,师生比为2∶1。

(3)校本课程的申报、遴选、发布和开设,须经课委会审定,并获半数以上成员通过。

(4)申请开设校本课程的教师应在课委会规定的时间内提出申请,并附课程说明和课程纲要。

2. 校本课程的发布与开设

(1)课委会根据校本课程开发指南所确定的基本原则,对教师及其提供的相关材料进行综合评估,确定开设课程和开设时间。

(2)课委会公布初评通过的校本课程名称及任课教师,编制选课说明,组织教师进行课程展示,供学生选择。

(3)学生根据选课说明,自主选择任选类课程,填报选课志愿表。

(4)任选类校本课程分为科学素养、人文素养、身心健康、生活职业技能等四类,学生在每类课程中任选2—3门,并依序填报志愿。

(5)教学处负责正式确定开设课程的名称及任课教师,组建教学班,并交课委会备案。

(6)每门课程开班人数原则上控制在20—60人之间,教学处可根据学生意向和学校教学条件,在充分尊重学生志愿的前提下进行合理调剂。低于开班人数下限的课程如要开班,需经课委会讨论同意并备案。

3. 校本课程的日常考核与评估

(1) 校本课程的日常考核与评估由教学处负责。

(2) 学生校本课程成绩采用学分进行评定,每位学生三年选修课程总计不少于35学分,其中限选课为10学分,任选课为25学分。任选课学分包括:人文素养类7学分,科学素养类9学分,身心健康类6学分,生活职业技能类3学分。

(3) 学分制的管理采用"学分卡"的形式,学生凭卡上课,任课教师负责学分制的执行和落实,根据学生上课的出勤和表现负责填写"学分卡",每学期末由教学处统一登记管理。

(4) 教学处对教师与学生的上课情况进行不定期抽查。

4. 奖励和惩处办法

(1) 凡在国家级、市级、区级各类各项竞赛活动与资格证考试中获奖或获得资格证书的学生,均可获得奖励学分,并可免修相应类别及学分的任选课程。

(2) 出勤率未达到规定课时80%的学生,不能获得相应的学分。

(3) 凡不能修满最低学分数的学生,不能获得毕业证书。

(4) 每学期末,由教学处组织校本课程教学评比,对教学成绩突出的任课教师进行奖励。

该细则在试行过程中将不断改进和完善,其解释和修改权属校本课程开发委员会。

三、乡村学校的教学常规管理

从广义上讲,乡村学校的教学过程管理,就是对教师制定教学计划、备课、上课、作业处置(布置与批阅)、课外辅导、学生学业成绩的考核与评定等各个教学环节,所开展的组织、指导、督促、检查等行政行为的活动过程和结果。

(一) 教学过程管理思路

教学过程管理思路需要从学校教学制度建设、教师教学工作推动和教学质量保障三个方面来谋划和落实。

1. 学校教学制度建设

学校要建立教学管理制度,明确教学各个环节的基本规范,确保教学过程的顺利开展和教学要求的有效落实。

(1) 教学过程管理规范要有综合性、连续性、个别性、针对性、可行性,坚持最优化原则,使教学过程管理有章可循,有条不紊。

(2) 教学过程管理规范的制定既要考虑国家、地方的相关文件与规定以及学校的其他有关规定,又要符合本校的实际情况。

(3) 教学过程管理规范要考虑到师生的意见和建议。

2. 教师教学工作推动

教师要善用教材和其他各种课程资源,做好教学过程中的每一个环节,确保达到较高的教学质量。

(1) 做好背景和学情分析,制定有效的教学计划。

(2) 重视课前的准备工作,做到准备教学材料、准备学生信息、准备教学方式方法。

(3) 优化课堂教学过程(教学目标具体化、教法学法策略化、教学内容灵活化、学习氛围民主化)。

(4) 多样化考核与评定学生学业成绩。

(5) 反思和总结教学经验,比如鼓励教师写教后记等。

3. 教学质量保障

教务科、教导处、教研组、备课组等管理人员要建立教学质量监控体系。

(1) 管理人员对教学过程的管理要有计划性。教学是一项有计划的活动,管理人员对教学过程的管理要有计划有针对性地灵活开展,不能顾此失彼。

(2) 定期开展教学设计研究,抓好备课环节。

(3) 精心组织研讨课、观摩课,开展听课、说课和评课,常抓上课质量。

(4) 做好课后辅导、作业处置等环节的管理工作。

(5) 灵活开展校本教研活动。

(6) 丰富教师的业余生活,激发教师的教学热情。

学校教学过程管理是一项琐碎而繁杂的、往复循环的管理过程,但它是学校全面质量管理的重中之重,需要常抓不懈。

(二) 教案管理

在教学过程管理中,无论是教师还是教学管理人员,常常都是围绕着两件事在忙,那就是教案管理与作业管理,因为它们是有形的,是教师教与学生学的最日常化的体现。因此,教案管理与作业管理也就成为教学过程管理中显性化因素的核心组成部分。

随着新课程的深入推进,教案管理成为教师谈论的热点问题之一,教案管理改革也成为学校课程管理中的一件大事情。

1. 教案管理中存在的主要问题

教案,也称课时教学计划或单元教学计划,即教师经过备课,以课时或单元为单位设计的具体教学方案,是教师上课的重要依据。简单地讲,教案就是一节课或一个单元教学的书面计划。通常项目包括:班级、学科、课题、上课时间、课的类型、教学方法、教学目的、教学内容、课的进程和时间分配等,另外,还可根据需要列出教具、现代教学手段的使用、作业题、板书设计和课后自我分析与总结等项目。以上是教案的规定性,而教案在形式和写法上又具有一定的灵活性,即"不拘一格"。

教案管理是对教师所写所用教案进行组织、引导、监督等相关的管理活动。教案管理有两方力量,一方是教师本人的自觉管理行为,这一方力量决定着教案的质量,另一方力量是学校教案的管理人员,他们对教案起着督导作用,对教师教案的编写与使用起着促进、指导作用,但如果其力量运用不当,会滋生许多不必要的问题,有时甚至阻碍了教师的教案编写与合理运用。从现行的教案管理过程看,存在着不少问题。

如果用例举的方式呈现的话,教案管理存在的具体问题可能包括:

(1) 教师与教案管理人员对教案的功能认识不足。

从某种程度上讲,教师把教案当作一种负担,仅仅为了应付检查,管理人员把管理教案也当作一种行政任务来完成。其表现主要有几点:有些教师把备课等同于写教案,认为上课就是把教案展示给学生的过程,而忽视了学生这一主体。"众"师一案。不根据本校或本班的实际情况而照搬教参,教师本人也迷失在"众"案中无法自拔。教学过程依教案按部就班,组织教学的形式与措施单一。教案目标与教学过程、教学内容分离,缺乏教学总结与反思。教案管理中没有测评反馈和矫正补救措施。教案的功能被严重功利化,学校为了检查,教师为了应付检查,因而忽视了教案自身应有的功能定位。

（2）教案编写缺乏研究与改进教学过程的机制。

由于教案评价往往多偏重于教学内容而轻视教学活动的设计，使教师误以为写教案就是把一次课所要讲授的知识内容加以收集和整理后记录到教案纸上。因此，产生了十几年甚至几十年一成不变的教案。有的教师认为没有必要年年写新教案，只要在原有教案的基础上每年补充一些新知识、新进展，删掉老化、陈旧内容即可，认为年年写新教案是多此一举，浪费时间。

（3）教案管理趋于封闭性和程式化。

学校对教案检查过多，打破了教师平静的日常教学生活。教师因课多，没时间写教案，又要应付检查，教师就不得不抄旧教案，甚至复印或复制教案。有时，教师为应付检查而补教案，而辛辛苦苦补好的教案一点用都没有，造就了许多敷衍型教案。

管理人员对教案的检查也过于机械，教案检查过于规范化，使教案检查仅成为一种任务去完成，只注重教案在形式上的完整，而忘了检查教案的根本目的之所在。事实上，如果真的要保证检查的质量，检查人员是承担不了认真检查的责任与负担的。形式主义的检查给教师增加了不必要的负担。教师需用大量时间编写教案，无更多时间搜集信息，研究教材、教法和学法，整齐划一的"标准式"教案，又影响了教师教学个性的形成。这一方面抹杀了学生学习的自主权，另一方面否定了教与学中信息反馈的人为控制因素，导致了交流问题的不便与教师间的矛盾。

教案评价重形式或格式、轻实质或实效，重结果、轻过程，重"拷贝"、轻创新，重教参、轻学生，重教案、轻课堂，重书写、轻内容，弱化了教学研讨氛围，影响了教师的自我反思、改进与提高。教案要求统一格式，传统的教案评价以"内容是否全面，格式是否规范，环节是否齐备，步骤是否清楚，结构是否严密，层次是否分明"[①]，或字数的多少以及字写得工整与否等指标或项目来论好坏优劣。有的教师的教案甚至是课后抄袭或别人替抄的，也竟然给评为优质教案，评价过于注重形式，使得教案管理中出现许多形式主义的漏洞或乱象。

实际上，教案管理应该根据不同学校、不同教师的不同情况来讨论，充分考

---

① 傅元星：教案应适时创新[J].陕西教育（教学版），2003(05)：22.

虑和尊重教师的意见与建议,校长、管理者和教师协商一致,并且服从和服务于教学质量与教学水平的提高。所以,教案管理不应该只有一个模式,不应该是"千篇一律"和"一成不变"的,而应该是多样化的,与时俱进的,因人因地制宜的。

比如,把备课体现为在课本上圈圈点点的"课本教案",本来是一种在许多教师中行之有效的教学准备形式,但关于"课本教案"的意义和价值,特别是针对学校能否承认这种"课本教案"的合法地位,以及"课本教案"对于哪些发展阶段和特点的教师是合理合法的教案形式等问题,每位校长和教师都可能有自己的看法,但却一定是一个需要进一步讨论与交流的专业问题,也是一个值得重视的教案管理问题。

2. 教案管理的有效策略

在课程改革的大潮中,教案管理也同样需要转变观念,采取有效的管理策略。

(1) 恢复教案的教学设计、教学准备与教学研究功能。

观念指导着行动。教师与管理人员的观念直接影响着教案如何撰写、如何使用及如何有效管理的问题,教案的好坏优劣,关键在于教师与管理人员如何来看待它。教案管理中所出现的问题提醒教师与管理人员:千万不要忘记了教案的撰写与使用以及教案的有效管理的根本目的是为教学服务,为学生的发展服务。因此,要克服上课备课"两张皮"现象。备课不等于写教案,上课不等于"照本宣科",上完课不等于"万事大吉"。写教案不只是为了应付检查,不只是为了定级与评职称,而是着眼于教师自身与学生的长远发展。教案要个性化,使自己的教案成为教学的"最新版"。每个教师都有自己不同的知识背景,有自己的长处与不足。教师在写教案时要真正发挥自身优势,写出富有个性与个人风格的教案。教师可以根据需要灵活组织教学内容,不拘一格,可以按部就班,可以有创新,也可以设计新颖,只要能达到师生共同发展的目标的就是好教案。

(2) 教案管理要重实质,重过程,重创新,重师生发展。

既然教案管理要着眼于师生的共同发展,教案的检查与评价就不能被程式化与简单化,不能仅为了"好管不理"。管理人员要为教师提供学习他人长处的机会。比如，学校可以为教师提供集体备课、相互听课、教案交流会等教研平台。教案检查与评价要着眼于师生的发展与成长，而不是仅仅为了评出孰优孰劣，关键是在评价教案过程中，启发教师要从自己狭小的思维空间里走出来，提醒教师多反思自己，多借鉴他人之长。另外，借鉴不是照搬照抄，而是用他人之长来改进自己不足之处，是一个学习过程。

(3) 教案管理要重视课堂教学过程。

教案所产生课堂效果的好与坏，与课前所写的教案本身的好与坏没有直接关系。好的教案若不付诸实施，犹如花瓶一样只能成为他人的"玩物"或"摆设"，教案需要教师真正在课堂上身体力行，才能品出其中滋味，才能找出个中原因，才能找到教案管理的亮点。

教案的使用不是为了用告诉替代学生的真实体验，不是为了用讲解替代学生的探究活动。教师要注重教学过程中新的发现，注重对动态生成的课程教学资源的合理利用，为教案提供尽可能多的信息源，特别是要重视教学过程中教案的主要成功之处和问题所在，以及对教案进行的有价值的调整和创造。从而为教案的不断改进与完善提供条件，并且使教案写作与教学改进成为一个相互融合的过程。

(4) 教师要不断反思、改进和总结自己的教学。

通过记录教案的执行情况，对教案进行自查与反思，是教学总结与反思的重要内容，例如记录教案执行过程中突破难点的方法措施是否有效、课堂容量是否合理、教法与学法是否有机结合、知识与能力是否同步增长；来自学生方面的信息反馈，对学生的不同反映作出机智的对答；教学中成功的经验与失败的教训，教法上的体验与心得。教学反思和总结，一要注意及时记录，二要注意持之以恒。

要真正发挥好教案管理的作用，有许多基本理论问题需要进一步梳理清楚，从而作出更加明确的回答。

比如，备课、写教案和上课的目的到底是什么？只有理解了备课、写教案和上课的目的是什么，我们才能更好地理解教师的教案形式与内容跟课堂教学的形式与内容之间的关系。其实，教案只是工具和手段，而不是目的，哪个是本？哪个是末？一定不能倒置。这个并不复杂的道理，却经常困扰着中小学的教学管理,这究竟是为什么?对于教学管理来说,这样一个道理,不仅适用于有经验的优秀教师,而且也应该适用于初执教鞭的青年教师。

又比如,写教案与上课到底是什么关系?我们都知道,教师认真撰写的教案对教师教学是有指导意义的,它是教师上课的重要参考依据,它应该成为教学的帮手。但是,教案又不是教条,它绝不应该成为教学的包袱和锁链,而是应该根据教学进程中的具体情况加以补充、修改和完善的。

再比如,查教案对教师和管理者以及检查人员究竟意味着什么?哪些教师的教案可以免检?哪些教师的教案应该抽检?哪些教师的教案必须重点检查?如何对于教案进行分类管理?如果各自的定位不恰当,那么教案检查就永远走不出"查"与"被查"的怪圈。这些问题都是值得我们深思的教案管理问题。

(三) 作业管理

对于不同的教育主体来说,作业管理有不同的任务与要求。对教师而言,作业管理是指对作业的布置、批阅、收集反馈信息;对学生而言,作业管理是一种主动地完成教师所布置的作业并对作业进行订正的自觉行为活动;对学校管理人员而言,就是对师生所管理的作业进行督导、检查与评价。

1. 作业管理中存在的问题

(1) 从教师层面来讲,主要有以下几个问题:

① 布置作业"一刀切",缺乏统筹。

在内容、难度、数量、形式和完成的方式上,不区分年级、班级与学生的实际情况,统一要求,忽略了学生的年龄特征与兴趣爱好。有时教师布置作业是随手拈来,脱口而出,"以罚为快",这些都是"惯性"使然。然而,教师的几句话,学生却要忙半宿,而教师这些"拈来"的作业枯燥无味,机械重复,缺乏综合性、趣味性、探究性、启发性和科学性。各任课教师在布置作业时缺少沟通与交流,没有从整体上考虑到一个班级各科教师布置给学生的作业的份量,造成作业总量严重失当。

② 作业的批阅方式过于死板。

有时甚至会出现批阅偏差,批阅作业的符号用"×"太多,很少考虑到学生看到红红的"×"时那一瞬间的情感,批语缺乏激励性。

③ 作业的讲评不及时且没有针对性。

对于作业中的错误缺少交流的平台,导致学生产生逆反、抵制与无助心理。很多时候,对待学生作业中的非"常规"思路,缺少足够的分析和询问,很容易就给予否定,从而失去作业促进学习的功能。

(2) 从学生层面来讲,主要有以下几个问题:

① 抄袭作业。

② 不做作业。

③ 做作业马虎不认真。

(3) 从学校层面来讲,作业管理的问题包括:

① 不实事求是,情大于"规"。

有些管理人员碍于情面,不愿指出教师对作业管理中所存在的问题,这致使教师滋生出一种"我没问题"的想法。

② 学校管理本身存在着一些问题。

比如,学校所制定的规范存在不合理现象,给管理人员的管理操作带来诸多不便。

③ 学校管理人员对一些教师的不合理行为,没有进行及时的控制。

比如,实施体罚、变相体罚或心罚,造成一些不必要的损失,学校与教师对学生作业的管理不应是以"罚"应对的。

2. 作业管理的应对策略

(1) 学校层面的管理策略。

① 引导。即端正办学的指导思想,对于学生作业进行总量控制,对于靠题海战术提高教学质量问题的行为要进行监控和限制,至少不能鼓励,要引导教师把提高教学质量的重心放在提高教学的效率和吸引力上来。

② 服务和协调。即要为教师搭建交流的平台,鼓励教师在作业设计与布置上相互取长补短,精选精练,提高作业的针对性、适应性和选择性,解决教师在作业管理上的问题和困难。

(2) 教师层面的管理策略。

① 明确作业性质和数量。

教师在布置作业时,要有明确而具体的要求,内容要精选,形式尽量多样化,作业题目要有典型性、启发性、现实性、探究性、合作性、时代性、弹性等。

教师布置作业要考虑数量是否适当,作业时数与课时比例要相当,各科可以"互通情报",以免作业过分集中,占用学生活动、睡眠时间,影响健康。

② 设计多样化的作业形式。

可以根据目的、需要和导向等情况,有所侧重地选择不同作业形式或组合性的作业形式加以运用。

比如,一是分层式作业。二是开放式作业。三是探究性或趣味性作业,如小发明、小制作、科技小论文等。四是实践活动性作业。五是教师自己编制的作业。六是口头性作业。七是阅读点评式作业。八是短期、中期或长期专题性作业。九是提问式作业。十是学生自编作业。

写作业就像吃饭一样,如果每天都是一样菜,学生怎能不厌倦呢?而且,会造成营养不良。更何况,"萝卜白菜,各有所爱"。各班级学生学情各不相同,作业的布置对不同的学生来说,既要有一定的难度,又要是学生力所能及的。

作业的布置一定要有针对性、层次性、联系性、时效性、开放性、弹性和适量性,否则,作业的布置也就失去了其存在的意义。

③ 实行作业分类管理。

按不同类别和特点对学生作业采取不同管理措施。比如,对于经常自觉完成作业且质量高的学生实行学生自主管理,或给予免检。对于多数学生而言,可以采取一些办法,让学生自觉管束自己,或者让学生交换做作业或让学生当堂完成作业。对于不做作业或作业马马虎虎不认真的学生,教师可以从认识上帮学生找到原因,使其转变观念,形成好习惯,然后逐渐转变行为。

④ 采取点面结合的作业批阅方式。

教师对作业的批阅要综合各种因素,灵活掌握,与学生订立批阅契约。批阅方式很多:等级制(等级+批语)、分数制(分数+批语)、面批式、委托学生互批。与学生达成契约或约定是很好的管理作业的方法。比如,批阅的符号不用"×",可用"/",对作业评比可采用等级制,用"★"表示,也可采用脸谱的表情给作业定等级。另外,教师要聆听学生的心声,并采纳他们提出的建议,比如,批阅作业是用红笔还是其他颜色的笔呢。

批语是师生交流的一种途径,利用得好,它会成为教师的教学管理工作的动力源,一般以鼓励性话语为主,也要根据不同班级、不同学生的实际情况作出不同的批语,以全面发展每个学生为宗旨。具体而言,不以分数论英雄,以诚相待,机智批评,善于发现问题学生的闪光点。

⑤ 作业讲评和反馈要及时。

对作业的评讲要及时,而且对作业的评估要具体情况具体来评。要重视做作业的过程,帮学生或学生自己找出作业的错误所在。教师评估作业的形式是多样的,总括起来,主要有:分层评估、延时评估、多次评估、申请评估、自我评估、学生互评估等,教师可根据不同的作业,有效而合理地作出评估。同时,教师对作业的评估形式也是多样的,可以用评语鼓励,也可以用实物加以奖励,或者利用展示对其加以表扬。

⑥ 不断创新作业思路。

比如,作业要多倾听学生的意见和建议,因为真正重要的不是要不要作业,而是学生需要什么样的作业以及需要多少作业,所以如何通过倾听学生心声来提高作业的针对性、适应性、自主性和选择性,是摆在教师面前的重要课题。又比如,抄袭作业本来是一件令人头痛的事情,而有的教师却"将计就计"转换成了一件在学生间对作业相互检查、督促、借鉴、学习的好事。还有的教师允许学生对作业管理的要求向教师挑战、要求教师"反求诸己",从而把作业变成师生之间教学相长的媒介和工具。

不管教师采用什么样的策略管理学生作业,似乎最终都可以归结到一点:教师要摆正作业的位置,并进行有效的作业处置。要做到这一点,教师就必须不断提高自身素质,提高教学的针对性和有效性。只有如此,才能摸索出更为根本的作业管理之道。

事实上,乡村学校课程管理事项,除了国家和地方课程的校本化实施管理,校本课程的特色化开设管理,以及教学过程中的教案管理和作业管理之外,还有不少具体而繁琐的课程运行实务需要处理。比如,各类教育教学活动管理、教研培训管理、教师教学绩效考核、学生学业成绩考核和学籍管理等学校课程运行实务,这些都需要学校管理者和教师依据课程政策要求,从学校实际出发,采取切实有效措施。

■ 思考与讨论

（1）学校课程管理的意义是什么？

（2）乡村学校需要怎样的课程管理？

（3）乡村学校的教师和学生参与课程管理有怎样的特殊性？